Martin & Elke Kamphuis
Spirituelle Kräfte des Neuen Zeitalters

Die Autoren

Der geborene Holländer Martin Kamphuis ist dipl. Psychologe und Theologe. Er arbeitete als Psychotherapeut in Amsterdam und lebte einige Zeit als engagierter Buddhist in Indien und Nepal.

Elke Kamphuis ist dipl. Sozialpädagogin mit einer therapeutischen Zusatzausbildung. Sie war überzeugte Esoterikerin.

Auf einer Weltreise nahm das Leben der beiden 1990 unerwartet eine entscheidende Wende: Sie begegneten dem lebendigen Gott – in einer Situation, in der sie es niemals erwartet hätten.

Danach besuchten sie eine Bibelschule und arbeiteten in einer christlichen Gemeinde.

Nach einer theologischen Ausbildung (Master of Arts) war Martin Kamphuis Pastor einer freien Gemeinde in Deutschland. Heute ist er Leiter von Gateway e. V., einem überkonfessionellen Verein, der Aufklärung und Schulung bezüglich spiritueller Themen anbietet. Im Rahmen dieser Arbeit informieren er und seine Frau Elke kompetent über Esoterik, Buddhismus und Christentum. Sie halten Vorträge, geben Seminare, schreiben Bücher und helfen Menschen bei ihrer Suche nach Gott.

Martin & Elke Kamphuis

Spirituelle Kräfte des Neuen Zeitalters

Von der Wirklichkeit Gottes und der Gefahr kosmischer Kräfte

LEUCHTTURM VERLAG

Bibliografische Information der Deutschen Bibliothek
Die Deutsche Bibliothek verzeichnet diese Publikation in der Deutschen Nationalbibliografie; detaillierte bibliografische Daten sind im Internet über http://dnb.ddb.de abrufbar.

Die Bibelstellen sind, soweit nicht anders angegeben, der Elberfelder Bibel (1984) entnommen.

1. Auflage 2010 zusammen mit Brunnen Verlag Basel
2. Auflage 2012
3. Auflage 2014

Umschlag: Spoon Design, Olaf Johannson, Langgöns
Foto Umschlag: Shutterstock
Satz: InnoSET AG, Basel
Druck: CPI books GmbH, Leck

Printed in Germany
ISBN 978-3-9808634-1-4 (Leuchtturm)

Inhalt

1. Einleitung

1.1 Gespräch über den Zaun

Es waren nur noch wenige Stunden bis zu einem Vortrag, den wir am Abend zum Thema «Esoterik» halten sollten. Wir schlenderten in der Frühlingssonne durch das 6000 Einwohner zählende Dorf, in dem wir zu Gast waren. Hinter der prunkvollen katholischen Kirche entdeckten wir ein neu gebautes Haus, an dessen Garage sich ein großes Reklameschild für eine Therapie- und Massagepraxis befand. Es wurde mit «Alles für Ihre Gesundheit und Ihr Wohlbefinden» geworben. Auffallend war das beigefügte Zeichen des Yin und Yang.

Martin zückte sofort seinen Fotoapparat, um das Bild am Abend zeigen zu können, denn wir wollten bei unserem Vortrag auf die Hintergründe des Yin und Yang eingehen. Als er gerade auf den Auslöser drückte, erschien der Hausbesitzer auf der Terrasse.

Martin begann ein Gespräch mit ihm über den Zaun seines Grundstücks. Der Mann bestätigte, der Masseur zu sein, und berichtete, dass seine Praxis sehr gut laufe. Außer ihm gebe es noch drei andere Personen im Ort, die ebenfalls eine Praxis hätten und sich nicht über einen Mangel an Klienten beklagen könnten. Er wies auf seine Ausbildung als staatlich geprüfter Masseur hin, die ihm die Möglichkeit gab, seine Behandlungen von der Krankenkasse abrechnen zu lassen.

Martin fragte, ob er um die religiösen Hintergründe des Yin und Yang wisse und ob es auch für ihn Religion sei. Ja, er sei über den religiösen Hintergrund des Yin-und-Yang-Zeichens informiert, viel mehr noch, er erfahre auch die damit verbundene Kraft «Qi/Ki/Chi»[1]*. Seine religiöse Zugehörigkeit sehe er jedoch in der Kirche. Er wies dabei auf das große Kirchengebäude nebenan. Er schaue aber gerne einmal über den Zaun (seiner eigenen Religion) und picke für sich das heraus, was sich in seiner Praxis als besonders wirksam herausstelle.*

Vor etwa zwanzig Jahren hätten wir wahrscheinlich ebenso geantwortet wie dieser Mann. Damals waren wir als Psychotherapeuten tätig und verknüpften Wissenschaft und fernöstliche Spiritualität bei der Behandlung unserer Klienten. Inzwischen haben wir uns bewusst für den Glauben an Jesus Christus entschieden, wodurch unser Leben und Denken sich völlig verändert hat.

Vielleicht fragen Sie sich, liebe Leserin, lieber Leser, wie es zu dieser Veränderung gekommen ist und was sie konkret beinhaltet.

1.2 Persönlich: Erfahrungen mit einer unbekannten Dimension

Wir befanden uns auf einer langen Reise, die für uns vor allem eine spirituelle Dimension hatte. Martin war tibetischer Buddhist. Elke nannte sich Christin, war aber im Grunde Esoterikerin. In Australien wurden wir spontan zu einem Gottesdienst eingeladen. Als wir die Menschen während des Gottesdienstes beim Beten und Singen beobachteten, waren wir beeindruckt. Sie schienen davon auszugehen, dass Gott nicht nur als Kraft, sondern personal anwesend war.

Die Kraft und Wirkung fernöstlicher Spiritualität hatten wir bis dahin schon viele Jahre erfahren. Martin war sich sogar sicher, bereits mehrere Male Momente der Erleuchtung erlebt zu haben. Die Anbetung eines Wesens lehnte er ab, da es aus Sicht des Buddhismus eine niedrigere Stufe der Religiosität bedeutet.

Als Esoterikerin ging Elke davon aus, dass Gott als unpersönliche Kraft bereits in jedem Menschen ist. Ob «göttliche Kraft», Christus- oder Buddhakraft, jeder von uns meinte sie bereits häufiger erfahren zu haben. In diesem Gottesdienst aber beteten Menschen zu Gott wie zu einer Person. Sie schienen von seiner Realität überzeugt zu sein.

Eine junge Frau bot uns unerwartet Gebet an. Ein wenig skeptisch und doch neugierig ließen wir uns darauf ein. Was wir dann erlebten, eröffnete uns eine bis dahin unbekannte Dimension. Unsere Augen, unsere Seele und unser Geist wurden während dieses Gebets für die Realität des persönlichen Gottes in der Gestalt Jesu Christi geöffnet.

Dieser Gott schien unser Innerstes zu kennen. Er redete aus einer anderen Welt persönlich zu uns und sprach durch das Gebet mitten in die Lebenssituationen hinein, die uns am meisten von ihm trennten. Durch Tränen der Trauer und Rührung bahnte er sich einen Weg zu unseren Herzen. Dann erfüllte uns eine wunderbare Gewissheit über die Existenz eines Gottes außerhalb von uns, der uns liebte und zu uns sprach.

Er durchleuchtete uns, und alles Streben nach der eigenen Erleuchtung wurde zunichte. Er liebte uns, und alles liebevolle Fühlen unsererseits erwies sich als egoistische Selbstliebe. Bis dahin waren wir der Meinung gewesen, durch Veränderung unseres Bewusstseins die in uns wohnende göttliche Kraft oder Buddha-Kraft entfalten zu können, um uns selber zu einem göttlichen oder zu einem Buddha-Wesen zu entwickeln.

Die Entwicklung sollte u. a. mit der Hilfe von Buddha-Wesenheiten[2] *oder anderen sichtbaren oder unsichtbaren Meistern geschehen. Unser spiritueller Weg schien von unten nach oben zu gehen, vom Menschlichen zum Göttlichen. Jetzt entdeckten wir: Gott kam zu uns. Er drängte sich nicht auf. Doch seine Gegenwart war unwiderstehlich wahr und real.*

Wir wussten, wir waren am Ziel unserer Suche angekommen. Leider gab es niemanden, der uns mit eindeutiger Lehre über diesen Gott begleitete. Wir fragten uns: Wie können wir mit ihm in Kontakt bleiben? Was will er von uns, und wie können wir uns seiner Präsenz in unserem Leben weiterhin gewiss sein?

Schon bald danach meldeten sich unsere bisherigen spirituellen Meister und Geister. Durch Gedanken forderten sie uns auf, die alten spirituellen Methoden nicht über Bord zu werfen.

Aber wir waren ernstlich gewillt, den Weg mit Jesus weiterzugehen. Darum verlangten wir nach klarer Führung von ihm. Am Anfang konnten wir mit der Bibel nicht viel anfangen.

Weil wir daran gewöhnt waren, uns durch bestimmte Eindrücke in der Meditation führen zu lassen, meditierten wir auf dieselbe Art weiter, wie wir es als Buddhist und Esoterikerin praktiziert hatten. Das bedeutete, sich innerlich leer zu machen und bereit zu sein, Botschaften oder tiefe Einsichten aus der kosmischen Welt oder der eigenen Buddha-Natur oder Göttlichkeit zu empfangen. Nun aber hofften wir, unmittelbare Führung von Jesus zu bekommen.

Nun erst nahm Martin wahr, wenn er so meditierte, dass er tatsächlich innerlich leer wurde. Im Buddhismus war es sein Ziel gewesen, den Zustand der Leerheit, der auch «Buddha» oder «Erleuchtung» genannt wird, zu erlangen. Jetzt erkannte er, dass er sich, indem er sich leer machte, auf diesen spezifischen buddhistischen Zustand ausrichtete und die Beziehung zu Jesus Christus verlor.

1.3 Ernüchterung

In unseren esoterischen Büchern fanden wir viel über Jesus Christus. Aber dort wurde von der – «jedem Menschen innewohnenden» – Christuskraft gesprochen. Uns war inzwischen jedoch klar geworden, dass der Jesus Christus, den wir durch das Gebet kennengelernt hatten, nicht mit der Christuskraft der Esoteriker identisch ist.

Da wir ohne Gemeinschaft mit anderen Christen waren und unsere überwältigende Erfahrung langsam verblasste, wurde unsere anfängliche Liebe zu Gott und Jesus Christus allmählich schwächer. Die aufkommende Orientierungslosigkeit brachte eine fühlbare Leere mit sich, die uns in unser altes Denken zurückzuziehen drohte. Dies wollten wir aber auf keinen Fall. Denn tief in unseren Herzen war jetzt etwas – besser gesagt: war jemand –, den wir für nichts in dieser Welt wieder verlieren wollten.

So entschieden wir uns, obwohl wir viele Vorurteile gegenüber Christen hatten, ihre Gemeinschaft zu suchen und uns einer christlichen Gemeinde anzuschließen. In einem kleinen Kreis von Menschen, die wie wir ganz am Anfang des Glaubens standen, wurden wir von den leitenden Christen in die biblische Lehre eingeführt. Wir gaben die Meditation auf und lernten stattdessen, im Gebet aktiv mit Jesus zu kommunizieren und uns an seinem Wort, der Bibel, zu orientieren. Zu unserer Freude nahmen wir wahr, dass die Liebe und somit auch die Beziehung zu ihm wieder wuchsen.

Vor unserer Begegnung mit Jesus Christus hatten wir viele Erfahrungen mit der unsichtbaren Welt gemacht (wir werden später genauer darüber berichten). Mit Betroffenheit entdeckten wir nun, dass dieser Kontakt nicht die Welt des lebendigen Gottes war. Wir waren zwar in «besondere» Sphären geführt worden und hatten den Eindruck, uns kosmischer Kräfte bedienen oder uns mit ihnen vereinigen zu können. Einen Gott außerhalb und unabhängig von uns kannten wir jedoch nicht. Sowohl der Buddhismus als auch die Esoterik lehnen solch einen Gott ab.

Durch tiefe Entspannung in der Meditation oder bei einem besonderen Erlebnis in einer Therapiesitzung hatten wir zum Teil faszinierende Erfahrungen gemacht. Oft spürten wir, wie eine unsichtbare Kraft uns durchströmte. Die Wirkungen waren allerdings nur vorübergehend und verlangten nach neuen, nachhaltigeren Methoden. Was zu Beginn ein positives Streben nach Bewusstseinserweiterung war, wurde letztendlich eine Form von Sucht. Unser Körper, unsere Seele und unser Geist hungerten nach immer neuen, «höheren» und kraftvolleren Erfahrungen.

Nachdem wir uns auf die Realität dieses unsichtbaren Gottes in Jesus Christus eingelassen hatten, wollten wir unbedingt mehr über ihn wissen. Mit der Zeit erkannten wir immer deutlicher die Unterschiede zu den fernöstlichen Religionen und zur Esoterik. Wir hatten viele Bücher gelesen, unzählige Kurse besucht, Unterricht bei Lamas und Gurus empfangen – alle diese Informationen wurden in ihren Aussagen und Zielen von uns aber kaum hinterfragt.

Unsere persönliche Erfahrungsebene war für uns entscheidend. Die Wirkungen universeller Kräfte, z. B. in Form von wunderbaren Visionen, Träumen und Einheitsgefühlen mit dem Kosmos oder als Energiefluss, schienen den eingeschlagenen Weg zu bestätigen. Jetzt erst fingen wir an, den eigentlichen Sinn und Zweck der gemachten Erfahrungen zu untersuchen. Wir fragten uns: Wohin wollen uns eigentlich Buddhismus und Esoterik führen?

Es dauerte Jahre, bis wir uns von der Faszination lösen konnten, spirituelle Methoden anzuwenden, die einen schnellen Erfolg versprachen und zum Teil auch boten, und uns stattdessen ganz auf die Führung und Hilfe Gottes zu verlassen.

Zehn Jahre nach der Begegnung mit Jesus Christus in Australien wurden wir immer häufiger gebeten, unsere persönliche Geschichte einer breiteren Öffentlichkeit weiterzugeben. Hieraus entstand unser erstes Buch «Ich war Buddhist». In ihm beschreiben wir unsere Erfahrungen mit den kosmischen Kräften und unser neues Leben mit Gott.

Die Vortragstätigkeit weitete sich aus, und wir stellten fest, dass unsere Stellungnahme zu den Wirkungen unsichtbarer Kräfte und Mächte, die durch Religionen und durch die Esoterik angeboten werden, nicht nur auf unsere persönlichen Erfahrungen gegründet sein darf. Wir wurden vor allem durch Christen herausgefordert, unsere Aussagen auch mit dem Wort der Bibel zu belegen.

Zu unserer Überraschung bekam dadurch die wackelige Basis mancher hauptsächlich auf unsere Gefühle und Erfahrungen gestützten Aussagen ein stabiles Fundament. Aber wir mussten auch manchen Gedanken als zu subjektiv, unzuverlässig oder falsch verwerfen.

In unserer Vortrags- und Seminartätigkeit begegnen wir nicht nur Menschen, die, ähnlich wie wir früher, den Lebenssinn in Buddhismus und Esoterik suchen. Wir sprechen auch mit vielen Christen, die in frommen Traditionen stecken geblieben sind und mehr von dem unsichtbaren lebendigen Gott erfahren wollen. Dabei lassen sie sich häufig ohne Kenntnis der Hintergründe auf Angebote ein, die zunächst eine positive Wirkung haben, von denen sie dann aber schleichend und oft unbemerkt in ein geistlich fremdes Gebiet gezogen werden.

Zu unserem Erstaunen und mit zunehmender Besorgnis stellten wir im Laufe der Jahre fest, dass diese Angebote sogar in den Kirchen und Gemeinden eine Plattform gefunden haben. Ein wenig erschrocken beobachteten wir, dass immer mehr Christen die Entspannungsmethoden, Meditationen und Therapieformen ausprobierten, die wir damals im Buddhismus und in der Esoterik praktiziert hatten. Was wir zum Teil mit Mühe abgelegt hatten, lächelte uns oft verführerisch in einem christlichen Gewand an. Darum fühlten wir uns aufgefordert, diese Methoden nun aus der Sicht Gottes, d. h. im Licht der Bibel, zu prüfen.

Wir hatten Jesus Christus als einen persönlichen Gott kennengelernt, dessen Kraft als eine völlig andere Kraft wahrzunehmen ist als alles, was wir vorher erlebt hatten. Er ist nicht in erster Linie daran interessiert, unser «Potential» zur Geltung kommen zu lassen oder dieses durch Erfahrungen zu bestätigen, sondern er will, dass wir ihn erkennen und uns von ihm aus dem Gefängnis unseres Selbst und unserer Bindung an die Welt befreien lassen.

Durch das Erforschen des Wortes Gottes wurde uns deutlich, dass diese Kraft zunächst im Schöpfungsakt des ganzen Universums liegt. Dann liegt sie in Gottes Vollzug unserer Erlösung, d. h. in unserer Versöhnung mit Gott durch den Tod seines Sohnes an unserer Stelle. Und schließlich liegt der Erweis der Wirksamkeit der Kraft Gottes vor allem in der Auferstehung Jesu Christi von den Toten. Natürlich gibt es unzählige weitere Beweise und Berichte seiner Kraft. Wir würden jedoch sagen, die drei genannten Ausdrucksformen sind die zentralen.

Durch das Hören, Lesen, Studieren und später sogar Predigen des Wortes Gottes erfuhren wir häufig eine unaussprechliche Freude, eine alles durchdringende Zufriedenheit und eine tiefe Gewissheit über die Realität Gottes. Im Laufe der Jahre wurde es uns zunehmend wichtiger, zwischen der ewigen Kraft Gottes und den vergänglichen, menschlich-sinnlichen und auch kosmisch übersinnlichen Kräften zu unterscheiden und dies zu lehren. Aus diesem Grunde entschlossen wir uns, dieses Buch zu schreiben.

Wir möchten damit Fragen beantworten wie:

- Gibt es Unterschiede zwischen Gottes Kraft und kosmischer Kraft? Oder fließen beide aus derselben Quelle?

- Dürfen wir uns auf beide gleichzeitig einlassen?
- Sind spirituelle Heilungsangebote der verschiedenen Religionen, wie z. B. Yoga im Hinduismus, unabhängig vom Ziel ihrer Religion?
- Sind nicht alle übernatürlichen Kräfte von Gott bzw. göttlich? Oder gibt es spirituelle Gebiete, auf die wir uns *nicht* einlassen sollten?

Dem Leser soll jedoch auch die Macht und Herrlichkeit Gottes (wieder neu) aufleuchten. Persönliche Geschichten oder Berichte, die auf wahre Begebenheiten und auf eigene Erfahrungen zurückgreifen, sollen die Thematik, die theoretischen Hintergründe und die biblischen Stellungnahmen lebendig und lebensnah gestalten. Es soll deutlich gemacht werden, auf welche Weise das christliche Gedankengut ganz allmählich und vielfach unbewusst durch östliches oder esoterisches Gedankengut ersetzt wird.

2. Wirksame Kraft oder Energie

Um zu den Begriffen *Kraft/Kräfte* oder *Energie* differenzierte Aussagen machen zu können, ist es notwendig, sie zunächst einmal in ihrer verschiedenartigen Bedeutung und ihren unterschiedlichen Quellen darzustellen. Lassen Sie sich herausfordern, liebe Leserin, lieber Leser, Ihr Wissen durch eine etwas theoretische Ausführung zu bereichern. Auch wenn dies dem Zeitgeist entgegensteht, der uns dazu verleiten möchte, unseren Verstand immer weniger einzusetzen und überwiegend auf unsere Gefühle oder Intuition zu hören. In der Unterscheidung von Kräften, besonders aber in ihren **unterschiedlichen Quellen**, liegt die **Basis** für eine Beurteilung.

Da Kraft oder Energie nicht eine sichtbare Substanz bezeichnen, kann sie zwar nicht mit den Augen, wohl aber in ihrer Wirksamkeit wahrgenommen werden. Wenn heute das Wort «Energie» gebraucht wird, ist damit in den meisten Fällen keine physikalische Energie gemeint, deren Quelle erkennbar ist, sondern häufig handelt es sich um Energien, die dem Menschen eine Lebenskraft versprechen, deren Quelle in einer unsichtbaren kosmischen Welt liegt.

Der in der Einleitung erwähnte Masseur wusste um den religiösen Hintergrund der Lebenskraft «Qi/Ki/Chi». Er erfuhr ihre Wirksamkeit. Weil er sie als positiv erlebte, hielt er den religiösen Ursprung und die damit verbundene Quelle der Kraft entweder für unbedeutend oder für eine zusätzliche Bereicherung. Sicherlich nahm er nicht an, dass der Gebrauch dieser so positiv wirkenden Kraft negative Auswirkungen auf seinen Glauben haben könne. Wie wohl inzwischen die meisten Menschen meinte er, sie zwar benutzen, sich aber nicht religiös damit verbinden zu müssen.

Zahlreiche Menschen machen Erfahrungen mit Kräften dieser Art. Darum stellen wir in den folgenden Kapiteln die unterschiedlichen Arten von Kräften oder Energien und deren Auswirkungen genauer dar und möchten – auf der Grundlage der Bibel – Informationen zu eventuellen Unterschieden sowie zu den Quellen der Kraft geben.

2.1 Unterschiedliche Bedeutungen von Kraft

Noch verstehen die meisten unter dem Begriff *Kraft* (eines Menschen) nur ein natürliches Kraftpotential, das jedem Menschen von Geburt an gegeben ist und das durch entsprechendes Training ausbaufähig ist. Erst in den letzten vierzig Jahren geht die gesamtgesellschaftliche Tendenz, dieses Wort zu füllen, immer mehr in eine spirituelle Richtung.

Im Deutschen haben wir unterschiedliche Wörter, die im Prinzip inhaltlich alle mit dem Wort *Kraft* verbunden sind. Dazu gehören: Vermögen oder Potential, Stärke, Gewalt, Herrschaft, Macht, Energie, Wirkung, Wirksamkeit und Vollmacht.

Auch im Griechischen, der ursprünglichen Sprache des Neuen Testaments der Bibel, gibt es verschiedene Wörter, die verschiedene Aspekte von *Kraft* darstellen. Das Neue Testament enthält wichtige Verse, die Erkenntnisse über die unterschiedlichen Arten von Kräften oder Energien geben. Da es ursprünglich in griechischer Sprache geschrieben wurde und wir eine biblisch fundierte Untersuchung machen möchten, ist es notwendig, die verschiedenen Bedeutungen in der griechischen Sprache kennenzulernen.

Vermögen oder Potential ist z. B. mit dem griechischen Wort *dynamis* bezeichnet. (Physische) Stärke entspricht dem griechischen *ischys.* Eine (bedrohende) Gewalt wird mit *bia* ausgedrückt. Dann gibt es noch das griechische Wort *kratos,* welches sich auf eine Kraft aufgrund einer Herrschaft bezieht. Die Wirksamkeit oder die Auswirkung einer Kraft ist in dem Wort *energeia* zu finden.

Eine letzte, aber besonders wichtige Bedeutung des Wortes *Kraft* steckt in dem griechischen Wort *exousia.* Dieser Begriff wird heute nur noch selten beachtet. In ihm ist sowohl die **Quelle der *Kraft*** als auch die **Vollmacht** für deren **Endziel** enthalten.

Zum besseren Verständnis wollen wir versuchen, die unterschiedlichen Bedeutungen anhand einer Geschichte zu verdeutlichen.

Der Schwergewichtsboxer Mike tritt seinen nächsten Wettkampf an. Er hat sich schon in mehreren Kämpfen bewährt, indem er seine Gegner besiegte. Sein Herausforderer Frank hat sich ebenfalls qualifiziert. Natürlich gehört auch er in die Schwergewichtsklasse. Beide haben die Kraft, d. h. das Vermögen (dynamis), zu gewinnen.

Frank ist jedoch größer und schwerer als Mike und hat darum im Sinne von messbarer, physischer Stärke (ischys) wahrscheinlich mehr Kraft und größere Gewinnchancen. Er wird seine körperliche Überlegenheit oder Macht ausnutzen und diese mit Gewalt (bia) im Kampf anwenden.

Mike stützt sich auf seine reiche Erfahrung und seinen unermüdlichen Trainingseinsatz. Er nimmt sich vor, seine «Herrschaft» (kratos) als Champion zur Geltung zu bringen.

Am Tag des Kampfes unterstützt das Publikum sein Idol, die Kampfmaschine Frank. Nun muss sich erweisen, wer von den beiden wirksamer kämpft, d. h. effektiver schlägt (energeia).

Frank bringt seine Größe und ganze körperliche Kraft ins Spiel. Mike dagegen lässt sich nicht entmutigen und weicht den gewaltigen Schlägen mehrfach aus, muss aber doch einige Treffer kassieren. Die Spannung steigt. Alle Zeichen weisen aber daraufhin, dass Mike den Kampf verlieren wird. Doch es kommt anders …

Diese etwas kitschige Geschichte entspricht dem Inhalt des Filmes «Rocky IV». Hierin kämpft der Hollywood-Star Sylvester Stallone (Rocky Balboa = Mike) gegen den russischen Boxer Ivan Drago (= Frank), der einen Kopf größer ist als er. Die Beschreibung dieses Kampfes endet folgendermaßen:

«Die Stimmung wandelt sich mit jeder Runde, die Rocky durchsteht, und mit jedem weiteren Treffer, den er bei Drago landen kann. Es entbrennt ein mörderischer Kampf, bei dem jeder Boxer bis zur völligen Selbstaufgabe und auf volles Risiko kämpft. Und Rocky schafft es tatsächlich – er siegt zum Schluss durch K. o. und gewinnt die Herzen der Zuschauer.»[3]

In Wirklichkeit hätte Drago Rocky wahrscheinlich mit ein paar gezielten Schlägen umlegen können. So war es aber im Drehbuch nicht vorgesehen. Das Drehbuch gab ihm sozusagen die «Vollmacht» *(exousia)* zum Sieg (sonst wäre Stallone natürlich auch nicht in den Ring getreten). Das bedeutet, in dem Drehbuch sind sowohl die Quelle der Macht als auch die Vollmacht für das angestrebte Endziel enthalten.

Vollmacht *(exousia)* bezieht sich auf eine höhere Gewalt, die in der Quelle der Kraft liegt und das Endziel maßgeblich bestimmt. Diese Kraft einer höheren Macht – sei es wie bei Rocky die des Drehbuchautors, seien es Menschen in übergeordneten Machtpositionen oder sei es eine spirituelle Macht – spielt bei der Beantwortung unserer Fragen eine wesentliche Rolle.

Besonders im Bereich der Gesundheit schauen die meisten Menschen nur auf die direkte Auswirkung einer Kraft *(energeia)* und entscheiden dann darüber, sie in Gebrauch zu nehmen oder nicht. Sie rechnen nicht mit einer übergeordneten Macht *(exousia)*, die mit ihrer Wirkung auch ein Ziel hat. Wäre ihnen dieses Ziel bewusst, würden sie vielleicht auch auf die Wirkung verzichten, selbst wenn diese sich erst einmal positiv zeigen könnte. Am Umgang mit physikalischer Kraft oder Energie möchten wir diesen Gedanken deutlich machen.

2.2 Physikalische Energie

Wir können die elektrische Energie, die im Kraftwerk oder durch Sonne und Wind erzeugt und uns durch das Stromnetz für das Licht, den Fernseher, die Heizung, den Computer, den Rasenmäher etc. geliefert wird, einsetzen, um unsere Geräte in Betrieb zu setzen. Erst an der (Aus)Wirkung *(energeia)* der betätigten Geräte ist die unsichtbare elektrische Energie für uns erkennbar und/oder spürbar.

Die Quelle der Energie liegt in den vorhandenen Ressourcen der Schöpfung, wie Öl, Kohle, Wind, Wasser oder Sonne. Diese haben ungenutzt nur ein Kraftpotential *(dynamis)*. Erst in einem Kraftwerk kann dieses Potential in leistungsfähige elektrische Energie umgewandelt werden. Je nach Effizienz eines Kraftwerks wird von dieser Energie messbar mehr oder weniger produziert. Diese messbare Energie ist die direkte Auswirkung der Kraft *(energeia)*.

Der Mensch verwendet die elektrische Energie für die von ihm gebrauchten Zwecke. Diese können sowohl hilfreich als auch zerstörerisch sein. Eine Fabrik für die Herstellung von Fahrrädern braucht die gleiche elektrische Energie wie eine Waffenfabrik. Die Direktion der Fabriken oder die übergeordnete Regierung eines Landes bestimmt das Endergebnis der verwendeten Energie: Fahrräder oder Waffen. Sie hat die Gewalt oder die Vollmacht *(exousia)*, mit der Energie ihr jeweiliges Ziel zu erreichen: Krieg oder Frieden. In ihr liegt die Entscheidung, letztlich etwas Gutes oder etwas Böses zu bewirken.

Dieses Prinzip trifft ebenso auf den menschlichen Körper zu. In ihm ist ein gewisses Kraftpotential *(dynamis)* angelegt. Um seine vorhandenen Ressourcen auszubauen und gezielt einzusetzen, nimmt er bestimmte Nahrungsmittel zu sich, die im Körper verbrannt werden. Bewegung, gute Ernährung und ein ausgewogenes Verhältnis zwischen Stress- und Ruhephasen helfen ihm, die gewonnene Energie optimal und je nach Bedürfnis einzusetzen.

Auch hier bleibt dann die Frage, was das Endergebnis eines gut funktionierenden Körpers ist. Geht es der Person darum, die eigenen Gelüste zu befriedigen, zerstörend zu wirken, Gutes zu tun oder sogar Gott zu dienen? Sie hat die Macht *(exousia)*, sich sowohl für das eine als auch für das andere zu entscheiden.

2.3 Lebensenergie oder Lebenskraft

Wenn Menschen von Kraft oder Energie sprechen, meinen sie einerseits die physikalische Energie, die uns z. B. in der Muskelkraft unseres Körpers oder im Stromnetz zur Verfügung steht. Andererseits ist auch immer mehr von dem Begriff «Lebenskraft» oder «Lebensenergie» die Rede. Was ist damit gemeint?

Viele verstehen darunter eine Art «Betriebsenergie» oder «Lebenserhaltungskraft», die hauptsächlich physikalische und chemische Lebensprozesse reguliert. Beschreibungen von Philosophen, Psychologen, Heilern und Therapeuten zum Begriff *Lebenskraft* machen jedoch klar, dass es sich dabei um mehr als nur um eine rein physikalische Kraft handelt.

Einige Philosophen bezeichneten die Lebenskraft oder auch das Lebensprinzip *(vis vitalis)* als eine «innere Ursache der Lebensfunktionen» oder «eine unbewusst wirkende organisierende und regulierende Kraft».[4]

Andere nennen sie eine den Menschen motivierende und antreibende Kraft. So beschrieb Sigmund Freud in seiner tiefenpsychologischen Theorie die Libido, eine Art Lebenskraft, als einen lustmotivierten Antrieb des menschlichen Lebens.[5] Friedrich Nietzsche sah in der Lust eine Lebenskraft, der er im «Nachtlied» sogar ein Ewigkeitsverlangen zusprach.

Wenn die Kraft beeinträchtigt ist, ist auch die Lebensqualität be-

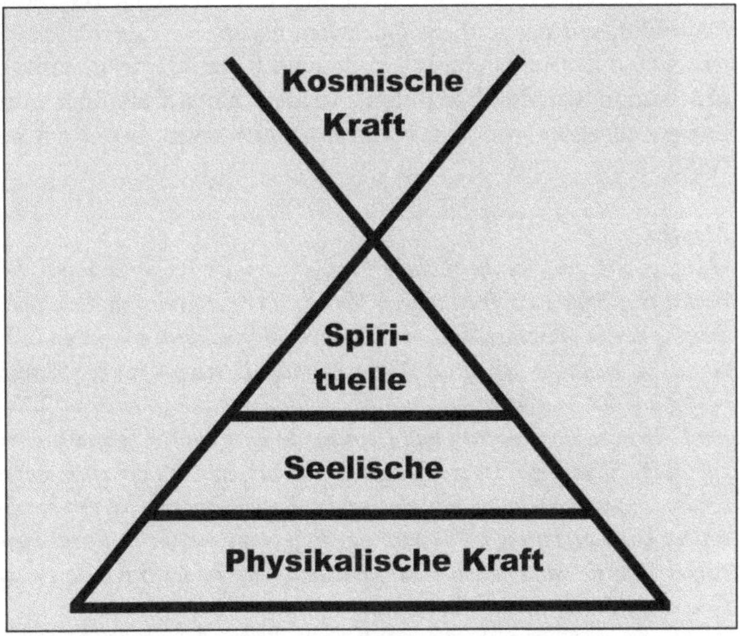

einträchtigt. Bei einem Angebot im Internet heißt es: «Schenken Sie sich neue Lebenskraft! Hat das Leben Sie (zu) hart berührt? Brauchen Sie gerade jetzt neue Kräfte? Finden Sie diese Kräfte in Ihnen selbst!»[6]

Es ist unklar, ob es sich beim obigen Angebot um körperliche und seelische Kräfte im Menschen handelt oder ob bereits von umfassenderen Lebenskräften oder Energien gesprochen wird, die z. B. in folgender Aussage genannt werden: «Der Mensch bezieht seine Lebenskraft [und] Lebensenergie aus dem Spannungsfeld von kosmischer [aus dem Weltall stammender] und terrestrischer [aus der Erde stammender] Energie.»[7] Die kosmische Kraft ist dann nicht mehr auf einer «niedrigeren menschlichen Ebene» gedacht, sondern wird sogar als göttliche Energie gesehen, die sowohl Lebensabläufe als auch Gesundheit, Krankheit und Heilung bestimmt. Dies geht z. B. deutlich aus den Beschreibungen über die kosmische Kraft Qi/Ki/Chi hervor, auf die wir später noch eingehen werden.

Obwohl diese Kraft göttliche Qualitäten haben soll – sie soll schöpferisch und heilend tätig sein –, soll sie doch von sich selbst aus keinen bestimmten Zweck verfolgen, sondern einfach als Kraft oder Energie allgegenwärtig sein. Manche meinen sogar, diese Kraft sei Gott.

Monika:
«Häufig spüre ich, wie die göttliche Kraft durch mich hindurchströmt», berichtete eine Frau nach einem unserer Vorträge in einer deutschen Kleinstadt. Sie war davon überzeugt, dass sie Gott regelmäßig erfahren würde, und das vor allem, wenn sie sich in der Natur befand. «Deswegen mache ich mich häufig auf den Weg und setze mich in Meditationshaltung an einen Waldrand. Ich lasse die Geräusche und Gerüche auf mich einwirken und komme zur Ruhe. Schon nach kurzer Zeit fühle ich mich eins mit der mich umgebenden Natur und spüre, wie eine sanfte Energie meinen Körper durchströmt. Diese Erfahrung ist für mich eine Begegnung mit Gott.» Etwas energischer fügte sie dann hinzu: «Das steht doch auch in der Bibel, dass man Gott in der Natur erfahren kann, oder?»

Als wir sie fragten, warum sie als evangelische Christin – wie sie sich selbst bezeichnete – nicht in die Kirche gehe, lautete ihre Antwort: «Mit diesen traditionellen Gottesdiensten kann ich nichts anfangen. Ich empfinde sie als langweilig, rückständig und überholt. Da fühle ich mich viel besser in einem Kloster, in dem meditative Exerzitien und Yoga-Übungen auf dem Programm stehen. Auch dort habe ich öfter die göttliche Kraft erfahren.»

Dieser Standpunkt wird in unserer heutigen Zeit immer öfter vertreten. Er geht einher mit dem Gedanken, der Mensch müsse im Einklang mit einer kosmischen Energie leben. Diese könne nur durch meditative Übungen – am liebsten in der Natur – erfahren werden. Es sei notwendig, sich für sie zu öffnen, damit sie ungehindert durch den Körper strömen könne. Durch das Strömen der Energie würden Körper, Seele und Geist mit Kraft aufgeladen und könnten so die Fülle der Lebenskraft ausschöpfen. Die Folgen davon seien Gesundheit und Ausgeglichenheit bis hin zu einer Vereinigung mit «dem Göttlichen».

Zu den Methoden, sich für diese Kraft zu öffnen und sie durch den Körper fließen zu lassen, gehören fernöstliche Bewegungsformen, Kampfsportarten und Massagen, bestimmte Nahrung oder eine Übertragung durch Handauflegung, wie z. B. im Reiki. Es spielt keine Rolle, ob der Praktizierende das Fließen spürt oder nicht oder ob er daran glaubt oder nicht.[8]

In fast allen religiösen Systemen wird von einer solchen Kraft gesprochen. Im Hinduismus wird diese Kraft neben *Kundalini* auch noch *Shakti* oder *Prana* genannt. Im Islam gibt es sie als Segenskraft unter dem Begriff *Baraka.*[9] Im Tantra-Buddhismus heißt sie *Bodhicitta* oder einfach *Licht.* Als *Licht* kennt man sie auch in der Esoterik. Dort wird sie jedoch hauptsächlich als *Energie,* aber auch als *Lebens- oder Christuskraft* bezeichnet. In Ländern mit buddhistischer und taoistischer Tradition wie China, Japan oder Korea wird sie gemäß dem Taoismus *Qi/Chi* oder *Ki* genannt.

Alle genannten Kräfte haben den Anspruch, nicht nur auf den Körper heilend, stärkend, reinigend und erneuernd zu wirken, sondern auch auf die Seele und den Geist. So heißt es z. B. in einem Zeitungsartikel: «‹Fließt› aber die Behandlung erst einmal, dann kommen Vergessenes oder Verdrängtes wieder ans Licht und können ausgeleitet werden».[10]

Die Beschreibungen machen klar, dass es sich hierbei nicht um eine physikalische Kraft, sondern um eine spirituelle Kraft handelt. Diese kann – ebenso wie die physikalische Kraft oder Energie – nur in ihrer (Aus)Wirkung wahrgenommen werden.

Der aufmerksame Leser wird inzwischen festgestellt haben, dass in der Herkunft von physikalischer und kosmischer Energie ein Unterschied besteht. Die physikalische Energie wird aus dem Bereich der Materie bezogen, während der kosmischen Energie/Kraft eine spirituelle – sogar göttliche – Quelle zugeschrieben wird.

Im Allgemeinen herrscht der Gedanke vor, man könne über spirituelle Energie ebenso verfügen wie über elektrische Energie; man könne den Schalter nämlich einfach nach Bedarf ein- oder ausschalten.

Ist diese Kraft aber tatsächlich unpersönlich und nur als Kraftpotential *(dynamis)* anwesend? Hat sie bei Gebrauch nur eine Wirkung *(energeia)*, oder verbirgt sich auch eine Vollmacht *(exousia)* mit einem konkreten Ziel dahinter? Hat der Empfänger oder Nutzer die Möglichkeit, ebenso wie bei der physikalischen Kraft den Schalter herumzudrehen, wenn der Bedarf nicht mehr vorhanden ist?

2.4 «Kraft» aus Sicht der Bibel

In der Bibel ist nicht die Rede von der Anwesenheit einer neutralen Lebenskraft, derer der Mensch sich bedienen könne. Gottes ewige Kraft ist zwar in der Schöpfung sichtbar, dies bedeutet jedoch nicht, dass Gott selbst in der Schöpfung wohnt, sondern sie bleibt von Gott Geschaffenes. Wir sollen seine Kreativität, seine Macht und Herrlichkeit darin erkennen und uns ihm dankend zuwenden.

Die Andeutung Monikas, die Bibel würde doch etwas über Gottes Kraft in der Natur berichten, konnten wir bestätigen. Der Vers dazu steht im Brief an die Römer. Er heißt: «Denn sein [Gottes] unsichtbares Wesen, sowohl seine ewige Kraft als auch seine Göttlichkeit, wird seit Erschaffung der Welt in dem Gemachten wahrgenommen und geschaut, damit sie ohne Entschuldigung seien» (Römer 1,20). Wir erklärten ihr diese Stelle:

Mit der Betrachtung der Natur ist es ähnlich wie mit dem Anschauen eines Gemäldes. An dem Werk erkennen wir vieles über den Künstler, z. B. dass er Sinn für Details und Harmonie hat. Es lässt uns vielleicht sogar etwas über seine Gefühle zu dem Dargestellten ahnen, auch über seine Fähigkeit, Dinge zum Ausdruck zu bringen. Aber wenn wir meinen, damit den Künstler selbst zu kennen, wäre das doch ein wenig vermessen.

Darum können und sollen wir in der Natur etwas über Gottes wunderbare Schöpferhand erkennen, sollten aber damit nicht behaupten, ihn selbst zu kennen oder ihm sogar darin zu begegnen. Dieser Gedanke war für sie neu.

Die Natur ist also eine (Aus)Wirkung *(energeia)* der Kraft Gottes. Gott ist ihr Schöpfer. Durch seine Vollmacht *(exousia)* wurde die Welt mit einem Ziel geschaffen. Laut dem obengenannten Vers sollte die Natur den Menschen ermöglichen, Gottes unsichtbares Wesen, seine ewige Kraft und seine Göttlichkeit wahrzunehmen. Darüber sollen die Menschen zur Anbetung und zu einer persönlichen Beziehung zu Gott kommen.

Personen, die kosmische Kräfte in Anspruch nehmen, fragen kaum nach der Quelle und dem Ziel *(exousia)* dieser Kräfte. Sie sind z. B. der Meinung, dass die Natur selber göttlich sei, oder betrachten jede Kraft, die heilt, als göttlich. Wichtig scheint nur noch die

(Aus)Wirkung *(energeia)* zu sein, nach dem Motto: «Hauptsache: gesund!» Oder: «Hauptsache, es wirkt!»

Für die Vorsteher des jüdischen Volkes reichte es jedoch nicht aus, dass viele Menschen durch Jesu Wirken gesund wurden. Eine ihrer wichtigsten Fragen in Bezug auf Jesu außergewöhnliche Wundertaten war: Woher hatte Jesus die Vollmacht, in der er seine Wunder wirkte?[11] Mit anderen Worten: Was ist die Quelle dieser Macht, und wohin will sie durch ihre Wundertaten führen? Die Pharisäer erkannten, dass diese Wunderwerke nicht aus der Kraft seiner eigenen Person hervorgingen, unterstellten ihm aber, seine Macht zur Heilung käme von Satan.[12]

In den meisten Fällen spricht die Bibel über Kraft in Verbindung mit Gott als der Quelle, nur manchmal geht es um die Kraft Satans oder hin und wieder um menschliche Kraft. Alle drei, Gott, Satan und Mensch, verfolgen mit der Ausübung ihrer Kraft einen bestimmten Zweck.

Gottes Absicht und Zweck im Erweisen seiner Kraft liegt immer darin, seine Person zu offenbaren und auf seine Größe, Gnade, Liebe und Gerechtigkeit zu zeigen. Darum bewirkt er z. B., dass durch Jesus Christus Heilungen geschehen und Dämonen ausgetrieben werden. Johannes nennt die Wunder Jesu «Zeichen»[13]. Sie zeigen Jesu Gottheit und seine Kraft. Seine Macht über den Tod, seine Auferstehung und Himmelfahrt bestätigten diese Tatsache. Nach der Himmelfahrt bezweckte und bewirkte die «Kraft aus der Höhe» (der Heilige Geist) die Verkündigung des Evangeliums durch die Jünger. Zeichen und Wunder unterstrichen ihre Vollmacht. Sie waren Gesandte Jesu und verkündeten nicht ihre eigene Botschaft.

Die Bibel berichtet auch von Menschen, die ihre eigene Kraft für einen bestimmten Zweck gebrauchten. Im Alten Testament heißt es z. B., dass Abraham seinen Sohn Ismael mit einer Magd zeugte, um aus eigenem Vermögen Gottes Verheißung eines Nachkommens zu erfüllen. Auch Mose versuchte zuerst aus eigener Kraft sein bedrängtes Volk zu befreien und brachte einen ägyptischen Sklaventreiber um.

Satan verführt gleich zu Beginn der Bibel die ersten Menschen mit seiner (Überzeugungs-)Kraft zum Ungehorsam gegen Gott. Sein Ziel liegt darin, den Menschen von Gott wegzulocken. Satan will ihn dazu bringen, in sich selbst oder im Kosmos nach Kräften zu suchen und sie zum eigenen Vorteil zu nutzen. Dieses Ziel hat er bis heute nicht verändert.

3. Die Welt des Kosmos

Um die Frage zu klären, ob es Unterschiede zwischen Gottes Kraft und kosmischen Kräften gibt oder ob beide aus derselben Quelle fließen, muss der Begriff *Kosmos* genauer untersucht werden.

Das griechische Wort *Kósmos (κόσμος)* bedeutet zunächst «das Weltsystem im Sinne von Weltordnung».[14] *Kósmos* ist als sichtbares geordnetes Universum das Gegenstück zum Chaos.

Im Neuen Testament der Bibel wird *kósmos* fast immer mit dem Wort *Welt* übersetzt und ist gleichbedeutend mit dem alttestamentlichen «Himmel und Erde»[15]. Damit umfasst der Begriff *Kosmos* die Erde und den gesamten Raum außerhalb der Erdatmosphäre, nämlich das ganze Universum mit seinen Planeten, Sternen und Galaxien.

Im westeuropäischen Denken hat im Laufe der Jahrhunderte eine Verkürzung der ursprünglichen griechischen Bedeutung des Begriffs *Kosmos* stattgefunden. Erde und Himmel werden nicht mehr als eine kosmische Einheit gesehen. Stattdessen wird nur der Himmel, im Sinne vom Weltall, Kosmos genannt. Astronauten, die den außerweltlichen Raum erforschen, werden z. B. auch Kosmonauten genannt.

Die Astronomie hat sich zur Aufgabe gemacht, die im Kosmos vorhandenen Himmelskörper und deren Bewegungen zu erforschen. Das im Jahr 2009 in Gebrauch genommene größte Teleskop der Welt auf den Kanaren ist so stark wie vier Millionen menschliche Pupillen und so präzise, dass es einen Teller Linsen auf dem Mond erkennen lassen könnte.[16] Mit dem Teleskop will man weit entfernte Galaxien und Planeten beobachten und hofft, die Entstehung der ersten Sterne studieren zu können.

Damit meinen Astronomen, wie mit einer riesigen Zeitmaschine in bislang unerreichte Tiefen des Universums vorstoßen zu können. Wissenschaftler hoffen durch Computersimulationen und Berechnungen fast bis zur Entstehung des Universums vor (so sagen sie) rund vierzehn Milliarden Jahren durchdringen zu können, um daraus Rückschlüsse über seine Entwicklung zu ziehen und weitere Beweise für die sogenannte Urknalltheorie zu liefern.

Der Mensch belässt es aber nicht nur bei der Erforschung des Universums, sondern bringt durch die Astrologie zusätzlich eine spirituelle Deutung hinein, die wir hernach erklären werden.

An den unterschiedlichen Definitionen merken wir, dass sich *Kosmos* gar nicht so leicht identifizieren lässt. Seit dem Beginn des *Neuen Zeitalters (New Age)* verstehen zwar immer mehr Menschen unter dem Begriff *Kosmos* wieder eine Einheit der sichtbaren Welt mit dem Universum, sehen diese jedoch als Träger ungeahnter göttlicher Kräfte. Mit anderen Worten, sowohl die ganze Schöpfung (Mensch und Materie) als auch das Universum mit seinen Sternen und Planeten werden als göttlich bezeichnet, und es heißt immer häufiger: «Alles ist Gott!»

3.1 Kosmos als magisches Universum in der Astrologie

Den Sternen wird in der Astrologie eine besondere Bedeutung zugeschrieben. Ihre Konstellation soll nämlich Einfluss auf unser Leben haben. Man geht davon aus, dass von ihnen eine Energie ausgeht, die unseren Charakter, unser menschliches Verhalten, unser Denken und Fühlen, ja sogar unseren ganzen Lebenslauf bestimmt.

So lassen sich z. B. immer mehr Menschen ihr Geburtshoroskop erstellen, um Informationen über bestimmte Zusammenhänge in ihrem Leben zu bekommen. Bei solch einem Horoskop wird der Stand der Sterne bei der Geburt eines Menschen errechnet, um daraus Schlüsse über bestimmte Verhaltensmuster, Beziehungen, Lebenseinstellungen, Fähigkeiten und Zukunftsaussichten zu ziehen.

Diesem Denken liegt die sogenannte Mikro-Makrokosmos-Vorstellung zugrunde, nach der die Sternkonstellationen den Makrokosmos und die persönliche Welt den Mikrokosmos darstellen sollen.

Der Glaube, dass äußere Himmelskörper auf unseren Lebenslauf einwirken oder ihn sogar bestimmen, entspringt den Vorstellungen der Magie. In der Magie wird angenommen, dass alles in geheimnisvoller Art miteinander verbunden ist. Es wird nicht, wie in der Bibel, unterschieden zwischen Schöpfer, Schöpfung und Geschöpf, sondern alles sei mittels bestimmter Gesetze miteinander verwoben. Das aus der Magie stammende Gesetz der Entsprechung beschreibt z. B., wie Sterne und Menschen miteinander verbunden seien oder dass der gesamte Körper im Ohr, in der Hand oder in den Fuß projiziert sei und von da aus die Möglichkeit bestehe, die einzelnen Organe im gesamten Körper zu behandeln.

Die Astrologie geht außerdem davon aus, dass der Stand der Sternbilder Einfluss auf unsere Erde habe. Sie sollen dazu beitragen, dass sich sowohl der Mensch als auch unsere Erde zu einem paradiesischen Planeten mit göttlichen Menschen entwickeln. Nach astrologischer Beobachtung schob sich etwa um das Jahr 2000 die Sonne, oder besser gesagt: der Frühlingspunkt[17], in das Tierkreiszeichen des Wassermanns, nachdem er 2000 Jahre im Zeichen der Fische gestanden hatte. Diese Verschiebung des Frühlingspunktes wurde durch Vertreter der *New-Age-Bewegung* spirituell interpretiert und das «Wassermann-Zeitalter» genannt. In dem Lied «Aquarius» (Wassermann) aus dem Musical «Hair» wird der Anbruch dieses Zeitalters durch eine weitere Sternkonstellation besungen, nämlich:

> «Wenn der Mond im siebten Hause steht
> und Jupiter auf Mars zugeht,
> herrscht Frieden unter den Planeten,
> lenkt Liebe ihre Bahn.
> Genau ab dann regiert die Erde der Wassermann,
> regiert sie der Wassermann,
> der Wassermann, der Wassermann!»[18]

Gemäß den Vorhersagen der *New-Age-Bewegung* sollen in diesem *Neuen Zeitalter* (New Age) die Esoteriker maßgeblich die Werte und die Spiritualität dieser Welt bestimmen. Denn nach ihrer Meinung sei das nun vergangene Fische-Zeitalter ein Zeitalter des Christentums gewesen. Darum bedeute das Ende dieses Zeitalters auch ein Ende des Christentums.

3.2 Kosmos als spirituelle Welt in der Esoterik

Esoteriker glauben nicht nur an die Einwirkung der Sterne auf unsere Welt oder auf unser Leben, sondern prägen auch auf neue Weise ein spirituelles Verständnis des Begriffs *Kosmos.* Nach ihrer Meinung ist der Kosmos nicht nur eine geordnete Gesamtheit der Schöpfung (Welt und Universum), sondern er ist durchdrungen von spirituellen göttlichen Kräften oder Energien, die helfen, heilen oder spirituell leiten und so dazu beitragen, unser Bewusstsein zu ändern.

Im Laufe der vergangenen vierzig Jahre hat sich dieses Denken in unserer Gesellschaft mehr und mehr durchgesetzt. Einen großen Beitrag leistete die Herabsetzung der Schulmedizin (die durchaus ihre Schwächen und Grenzen hat). Mit dieser Abwertung wurden gleichzeitig Geistheilverfahren, die kosmische Kräfte in Anspruch nehmen, z. B. Reiki und Bachblüten, immer populärer.

Lucie:

Lucie kämpfte seit einiger Zeit mit starken Schmerzen im Nacken. Da sie sich bereits einigen Therapien unterzogen hatte, die Schmerzen aber immer wieder auftraten, ging sie auf den Vorschlag einer Freundin ein. Diese hatte sie auf eine Heilerin aufmerksam gemacht, die durch sanftes Berühren Blockaden freisetze. In ihrer Not hatte sie sich angemeldet. Während sie auf ihre Behandlung wartete, las sie in einem Prospekt der Heilerin: «Heilen mit kosmischer Kraft».

Interessant, dachte sie, denn dieses Wort «Kosmos» hatte sie in der letzten Zeit häufiger gehört. Aus purer Neugierde schaute sie regelmäßig in einer Frauenzeitschrift nach ihrem Horoskop. Hatte sie nicht gerade gelesen, dass ihr in der nächsten Zeit der Kosmos gutgesinnt sei?

Ihr fiel eine andere Freundin ein, die eine ganze Sammlung von Kristallen hatte. An bestimmten Tagen legte sie ihre Kristalle ins Mondlicht oder in die Sonne, um sie, wie sie meinte, mit kosmischer Energie aufzuladen. Sogar ihr Trinkwasser und manche Nahrungsmittel lud sie mit kosmischer Energie auf. Sie war der Meinung, dass sie sich seit dieser Zeit viel besser fühle. Bisher hatte Lucie diesen Dingen ein wenig skeptisch gegenübergestanden, nun schienen die Ansichten ihrer Freundin doch auf Erkenntnissen zu basieren, von denen Lucie einfach noch nichts gewusst hatte.

Und jetzt saß sie hier bei dieser Heilerin, die behauptete, sie könne mit kosmischer Kraft heilen. Das war bestimmt kein Zufall. Der Gedanke daran beflügelte sie. Vielleicht würde sie jetzt erfahren, wie wohlgesinnt ihr der Kosmos sei, indem sie endlich von ihren Schmerzen befreit würde.

Die angenehme meditative Musik, wohlriechende Düfte und flackernde Kerzen im Wartezimmer gaben ihr ein Gefühl der Geborgenheit. An der Wand hing ein eindrucksvolles, in weichen Pastellfarben gemaltes Bild.

Als sie es intensiver betrachtete, erkannte sie die Konturen eines Engelwesens. Entspannt lehnte sie sich in ihrem Stuhl zurück und genoss die Atmosphäre. Lucie fühlte, wie sich ihre Seele für die bevorstehende Behandlung öffnete.

(Fortsetzung auf Seite 96)

Vielen Menschen geht es heute so wie Lucie. Ihre anfängliche Skepsis gegenüber Geistheilverfahren (Heilen mit kosmischen Kräften) wird durch den Wunsch nach Heilung, Zuwendung und Geborgenheit beiseitegeschoben. Die Menschheit soll glauben, dass der Kosmos von heilenden Energien durchdrungen sei, die man sich zunutze machen könne, ähnlich wie bei den Heilkräften einer Pflanze.

Wir halten es jedoch für notwendig, zwischen Natur- und Geistheilverfahren zu unterscheiden. Naturheilverfahren setzen pflanzliche Mittel ein, die eine erwiesene heilende Wirkung auf bestimmte Krankheiten haben. So hilft Salbei z. B. bei Halsschmerzen oder Kamille bei Magenbeschwerden. Dagegen ist bei Geistheilverfahren kein pflanzliches Mittel als Wirkung feststellbar, auch wenn der Name, wie z. B. «Bachblüten», so klingt. Ähnlich ist es auch bei hochpotenzierten homöopathischen Mitteln.

3.3 Der Kosmos als Ort für Engelwesen

Der Kosmos soll nicht nur von unpersönlichen heilenden Kräften oder Energie durchzogen sein, sondern er ist auch ein Ort für Engelwesen.

Lucie hatte im Wartezimmer ihrer Heilerin ein Engelbild gesehen. Später erfuhr sie, dass die Heilerin Engeln eine große spirituelle Bedeutung beimaß. Sie vertrat die Meinung, diese unsichtbaren kosmischen Wesen seien den Menschen in ihrer Bewusstseinsentwicklung voraus. Darum seien sie auch in der Lage, als spirituelle Führer, Heiler oder persönliche Ratgeber zu fungieren.

In dem schon zitierten Musical «Hair» wird die Wirkung dieser unsichtbaren Wesen besungen. Es wird erwartet, dass durch den Einfluss des Wassermanns im *Neuen Zeitalter* Offenbarungen durch Engel und Führung durch kosmische Kräfte eine wesentliche Rolle spielen.[19] Die Faszination für das Unsichtbare ist unverkennbar.

Das Vorhandensein einer unsichtbaren Welt ist in den westlich aufgeklärten Ländern lange als Aberglaube abgeurteilt oder für nicht existent erklärt worden. Und das, obwohl auch die Bibel von einer solchen Welt spricht. Die *New-Age-Bewegung* und die Esoterik öffnen unserer Gesellschaft einerseits wieder die Augen für unsichtbare Wesen, Kräfte und Mächte. Andererseits verführen sie die Menschheit dazu, mit dieser Welt in Verbindung zu treten. Die Bibel lehrt dagegen, unsere Hilfe, Heilung und Kraft nur von Gott und Jesus Christus zu erbitten.

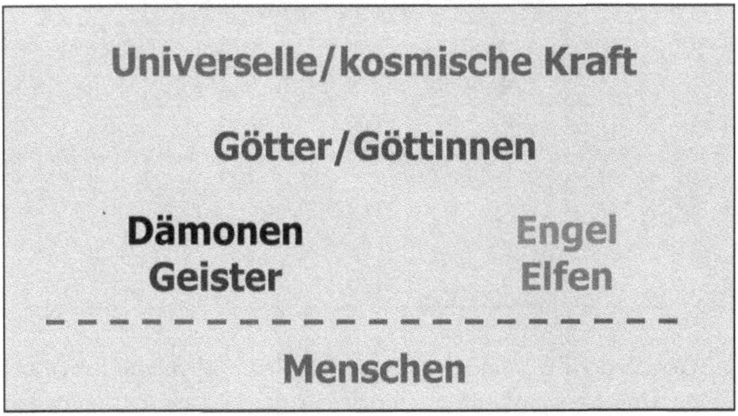

In der Annahme, alle Kräfte seien göttlich, fragen Esoteriker nicht nach dem Woher der Kräfte, sondern lassen sich in der Regel auf *jede* Kraft ein. Es sei denn, diese Kraft ist offensichtlich böse oder gibt ein ungutes Gefühl.

In Kapitel 6 wird das Thema Engel ausführlicher beschrieben.

3.4 Kosmos als gefallene Welt in der Bibel

Der Begriff *Kosmos* hat im biblischen Sprachgebrauch noch eine zusätzliche Bedeutung bekommen, nämlich die der gefallenen Welt. Damit ist die Welt gemeint, wie sie seit dem Sündenfall ist. Diese Sichtweise würden Esoteriker ablehnen. Inzwischen vermeiden auch immer mehr Menschen, die sich Christen nennen, gerne dieses Thema.

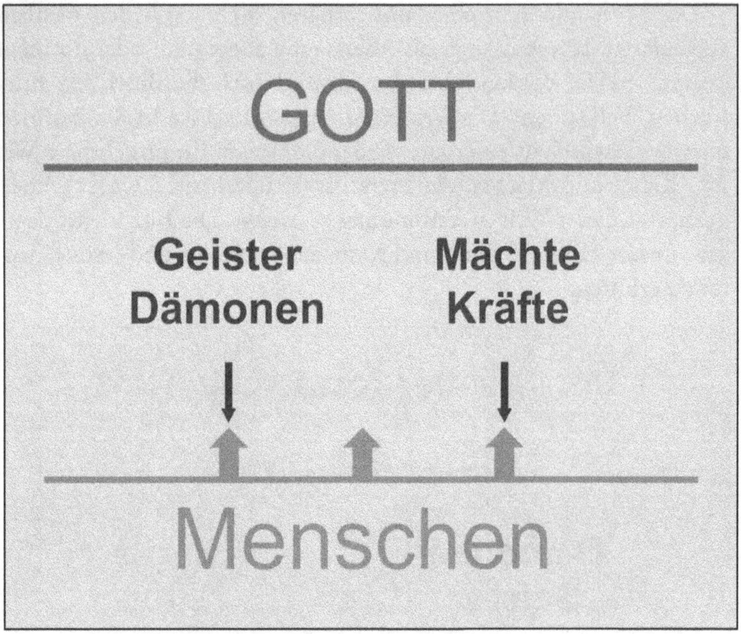

Gemäß der Bibel sind die ersten Menschen, Adam und Eva, durch ihren Ungehorsam Gott gegenüber aus der Gemeinschaft mit ihm verstoßen worden. Bis zu diesem Ereignis im Garten Eden beschreibt Gott die Schöpfung und seine Geschöpfe als *sehr gut.* Es gab nichts, was zwischen Gott und dem Menschen stand, weder Furcht noch Schuld. Es heißt, Gott wandelte im Garten. Das bedeutet, er hatte täglich Gemeinschaft mit ihnen. Es war in gewissem Sinne ein himmlischer Zustand.

Doch der Ungehorsam bewirkte Schuld und damit Trennung von Gott. Gott warf den Menschen aus dem Paradies. Seit dieser Zeit ist der natürliche Mensch nicht mehr auf den Willen Gottes ausgerichtet, sondern auf seine eigenen Bedürfnisse.

Mit der Trennung «fiel» sozusagen auch die ganze Schöpfung. Sie wurde um Adams willen verflucht. Als Strafe musste Adam sich mit Dornen und Disteln, mühsamer Nahrungssuche, wilden Tieren und Naturkatastrophen auseinandersetzen. Von da an war er mit dem Tode bedroht und musste – wie fortan alle Menschen – eines Tages sterben.

Die Bibel spricht nicht nur von einem Fall der Menschen, sondern auch von einem Fall der Engel. Dieser fand bereits vor dem Fall der Menschen statt.

Es ist die Rede von einem der höchsten Engel, Luzifer oder auch Satan genannt. Dieser war am Anfang ein wunderschöner Engel, ein Cherub, der direkt an Gottes Thron diente. Doch obwohl er, wie alle Engel, von Gott geschaffen war, überhob er sich eines Tages und wollte seinen Thron hoch über allen Sternen Gottes errichten.[20] Das Wort «Sterne» deutet auf Engelwesen.

In seiner Überheblichkeit wollte er sich sogar Gott, dem Höchsten, gleichmachen. Darum verstieß ihn Gott aus seiner bevorzugten Stellung. In seiner Rebellion zog er ein Drittel aller Engel mit in den Abfall gegen Gott.[21] Die Bibel nennt diese gefallenen Engel «Dämonen».

Als Folge der Rebellion wirft Gott die gefallenen Engel mit ihrem Herrscher Satan aus dem Himmel auf die Erde. Für eine gewisse Zeit dürfen sie über den *Kosmos* (sichtbare Welt und Universum) herrschen. Darum wird Satan im Johannes-Evangelium der «Fürst dieser Welt» genannt (im griechischen Grundtext: Fürst des *kósmos*). Somit muss die Schlussfolgerung gezogen werden:

Der Bereich des Kosmos und der Bereich Gottes sind klar voneinander zu unterscheiden.

Zusammenfassend kann gesagt werden: Aus biblischer Sicht gehören zu dem mit *Welt* übersetzten Wort *kósmos* das sichtbare und unsichtbare Universum, **samt allen Kreaturen**, die Menschheit und Geisterwelt, sowie Natur und Geschichte. Der *Kosmos* ist «der Inbegriff der durch den Sündenfall zerrütteten und unter dem Gericht stehenden Schöpfung Gottes, in welcher Jesus Christus als der Erlöser erscheint».[22]

Jesus machte klar, dass dieser gefallene *Kosmos* mitsamt seinem Herrscher eines Tages vergehen wird (Markus 13,31). Er rief aber zur Wachsamkeit auf; denn noch ist es diesem Fürsten und seinem Heer erlaubt, zu wirken und Menschen unter seinen Einfluss zu bringen.

3.5 Himmel als Gegenüberstellung zum Kosmos

Jesus kündigte nicht nur das Vergehen dieser Welt (Kosmos) an, sondern er prophezeite auch einen neuen Himmel und eine neue Erde. Dem Apostel Johannes wird dies in einer Vision deutlich gezeigt: «Und ich sah einen neuen Himmel und eine neue Erde; denn der erste Himmel und die erste Erde sind vergangen, und das Meer ist nicht mehr» (Offenbarung 21,1).

Die Vorstellung von einem Bereich Gottes als einen gesonderten Ort lehnen Esoteriker ab. Nach E. Tolle ist der Himmel kein Ort, sondern etwas, was Bezug nimmt auf das innere Reich des Bewusstseins der Menschen. Auch Jesus habe dieses Verständnis vom Himmel gehabt.[23] Die Erde widerspiegele dagegen das Bewusstsein der Menschheit in der stofflichen Welt.

Die prophetische Aussage eines Verses aus Jesaja 65: «Denn siehe, ich will einen neuen Himmel und eine neue Erde schaffen, dass man der vorigen nicht mehr gedenken und sie nicht mehr zu Herzen nehmen wird» (Vers 17; Lutherbibel), bezog Tolle auf die bevorstehende Transformation des Bewusstseins der Menschheit. In ihr lägen Ursache und Bedeutung des neuen Himmels. Tolle unterscheidet damit nicht zwischen Himmel und Kosmos, sondern setzt nur auf eine Umwandlung (Transformation) des Kosmos durch Bewusstseinsänderung.

Schauen wir uns die Verse und den Kontext jedoch genau an, erkennen wir, dass die Voraussetzung für die Schaffung eines neuen Himmels und einer neuen Erde nicht im Emporarbeiten der Menschen zu einem neuen Bewusstsein liegt, sondern in einer Initiative Gottes, der selbst etwas Neues kreiert. Das Neue ist nicht auf der Grundlage des Alten erschaffen worden, sondern so radikal anders, dass an das Alte nicht mehr gedacht werden wird.

Am Anfang der Bibel heißt es, Gott schuf die Himmel und die Erde. Damit wird erstens ausgesagt, dass Gott der Schöpfer von Himmel und Erde ist. Und dass es zweitens verschiedene Himmel gibt.

Das Wort «Himmel» hat in der Bibel eine dreifache Bedeutung. Zum einen ist damit der sichtbare Bereich über der Erde, das Firmament oder das Gewölbe, gemeint. Zum anderen weist es auf unsichtbare Bereiche als Aufenthaltsorte für Engel oder für Dämonen hin.

Zuletzt bedeutet «Himmel» «das absolut Umfassende», den «Wohnbereich Gottes».

Das Wort «Himmel» wurde von den alten Rabbinern (den jüdischen Lehrern) oft als Ersatz für Gott selbst verwendet. Denn der Raum, in dem Gott lebt, und die Person Gottes sind unzertrennbar eins. Gottes Raum ist wahrscheinlich weniger ein abgegrenzter Ort; denn es gibt keinen Ort, der Gott fasst. König Salomo erkannte dies, als er Gottes Tempel bauen wollte: «Der Himmel und aller Himmel Himmel können ihn nicht fassen. Wer bin ich denn, dass ich ihm [auf der Erde] ein Haus baue».[24]

Die unfassbare Größe Gottes, seine Allgegenwart, könnte zu dem Gedanken führen, zu sagen, Gott sei *in* allen Dingen. Aber wenn wir die Bibel studieren und sie ernst nehmen, müssen wir zu dem Schluss kommen, dass er zwar allgegenwärtig und unfassbar groß ist, trotzdem aber von seiner gefallenen Schöpfung, nämlich vom *Kosmos*, getrennt ist. Im neuen Himmel und auf der neuen Erde wird das anders sein. Dort gibt es keinen Tempel, keine Sonne, kein Tag und Nacht, sondern wir leben in Gottes Gegenwart und in seinem Licht!

Trotz dieses klaren Angebots Gottes geschieht es zunehmend mehr, dass das westlich-christliche Verständnis gegen das östliche (buddhistische, hinduistische, taoistische usw.) und esoterische Verständnis ausgetauscht wird.

4. Der Anbruch eines neuen Zeitalters: New Age

In allen Lebensbereichen, wie z. B. bei der Einrichtung von Häusern (Feng Shui), im Sport- und Gesundheitsbereich, selbst im Bereich der Wirtschaft, werden uns Methoden angeboten, die uns Hilfe, Kraft und Gesundheit durch kosmische Energien oder Kräfte zukommen lassen sollen. Es geht längst nicht mehr nur um die körperlich-seelische Schaffenskraft oder Vitalität, sondern um das Empfangen, Kanalisieren oder Bündeln einer unsichtbaren Kraft. Zu den Methoden, die auf das Empfangen, Kanalisieren oder Bündeln einer unsichtbaren Kraft ausgerichtet sind, gehören u. a. Yoga, Ayurveda, Versenkungsmeditation, Tai-Chi, Qi Gong oder Karate. Sie alle haben einen spirituellen Hintergrund und basieren auf fernöstlichen Lehren als Quelle der Kraft.

Was heute nicht wahrgenommen wird, ist die Tatsache, dass diese Welle der fernöstlichen Methodik und Spiritualität durch die *New-Age-Bewegung* in die Wege geleitet und inzwischen durch die Esoterik allgemein gesellschaftlich verbreitet wurde. Es heißt, der Mensch solle wieder zu seinen ursprünglichen «Kraftquellen» zurückgeführt werden. Gemeint sind damit die Vorstellungen, selber göttlich zu sein, die Buddha-Natur in sich zu haben oder sich – wie im Hinduismus – in der kosmischen Kraft Brahman aufzulösen. Kurzum, es soll durch fernöstliche meditative Versenkungsmethoden eine Ablösung vom Christentum, von Jesus Christus als dem Weg zum Vater, bewirkt werden.

Im folgenden Kapitel möchten wir mit Hilfe von persönlichen Erfahrungen die Anfänge und Hintergründe des neuen spirituellen Denkens herausarbeiten.

4.1 Elke: Wie es bei mir begann

Ralf, einer meiner Psychotherapeuten, lud mich nach einer therapeutischen Sitzung zum gemeinsamen Singen spiritueller Lieder ein. Es war Abend. Seine Wohnung, in der wir uns trafen, war besonders geschmackvoll und kreativ eingerichtet. Dies schien eine andere Welt zu sein. Überall brannten Kerzen, und der Duft von Räucherstäbchen lag in der Luft. Etwas unsicher und ein wenig skeptisch suchte ich mir einen Platz im Kreis der Anwesenden.

Nach einer allgemeinen freundlichen Begrüßung wurden Lieder aus verschiedenen Religionen gesungen, in denen z. B. Shiva, Mutter Erde oder Gott angebetet oder gepriesen wurden. Sie nannten es «shanten». Die Lieder waren kurz, einfach zu singen und wurden oft wiederholt. Mit der Zeit empfand ich eine Atmosphäre der Einheit, und ganz allmählich verschwand meine Skepsis und ich gab mich dem Gesang hin. Ich spürte eine wohltuende Energie, die mich umgab. Als ich hin und wieder in die Gesichter der anderen Teilnehmer sah, entdeckte ich in einigen Augen Tränen der Rührung.

Hier wurde nicht von einem kritischen, beobachtenden Gott gesprochen; denn Gott, so hieß es, war ja Liebe, und diese Liebe sollte als göttlicher Kern auch in uns sein. Bis dahin hatte ich mich immer als von Gott getrennt empfunden. Dies schien sich nun aufzuheben. Überhaupt schien es hier weder Grenzen noch Tabus zu geben; denn ich bemerkte schon bald, dass alles, was die «Liebe» fördern würde, erlaubt war.

Nachdem das Singen beendet war, kam Ralf auf mich zu. Er hatte mir im Kreis gegenübergesessen. Mit sanfter Stimme erklärte er mir, er habe mich in einen hellen Lichtschein gehüllt gesehen, welches mein wirkliches Wesen sei. Erstaunt und gleichzeitig geschmeichelt wandte ich mich ihm nicht nur äußerlich zu.

Später erklärte er mir, dass ein neues Zeitalter angefangen habe. Es werde «New Age» genannt und sei ein Zeitalter des Friedens und der Liebe. Es bringe ein ganz neues Denken und Bewusstsein mit sich, welches längst verkümmerte Kräfte im Menschen wieder erwecke. Er habe sich vorgenommen, in seiner großen Wohnung ein spirituelles therapeutisches Zentrum zu eröffnen, um so das Gedankengut des New Age in Form von Therapie und Seminaren weiterzugeben.

Es war die plötzliche Entdeckung einer unsichtbaren Welt, eine spürbare Kraft, das Gefühl, etwas Besonderes zu sein, was Elke packte. Genau das erfahren heute viele Menschen, die sich auf fernöstliche oder esoterische Methoden einlassen.

4.2 Hintergrund der *New-Age-Bewegung*

Elke:

Nach diesen beeindruckenden Erfahrungen wollte ich natürlich mehr über das New Age wissen und fing an, Bücher über den Beginn und die Inhalte zu lesen.

Ich erfuhr, dass der Impuls zum Überwinden bisheriger Denkmuster anfänglich aus der Astrologie übernommen worden war.

Wie schon erwähnt, glaubten Vertreter der *New-Age-Bewegung*, dass die Verschiebung des Frühlingspunkts vom Sternbild der Fische zum Sternbild des Wassermanns eine weltweite Änderung des Bewusstseins mit sich brächte. Sie sprachen davon, dass etwa um das Jahr 2000 ein neues Zeitalter («New Age») anbrechen würde: das Wassermann-Zeitalter.

Im Gegensatz zum Zeitalter der Fische, das die Autoren als ein Zeitalter (christlicher) Gewalt einstuften, sollte das Wassermann-Zeitalter das Zeitalter der Esoterik sowie des Friedens und der Stillung eines spirituellen Durstes werden. Die *New-Age-Bewegung* will sowohl eine Alternative für das Christentum als auch für die vernunftbetonte Aufklärung bieten.

Elke:

Ja, spirituellen Durst hatte ich. Bis dahin hatte ich nur ein totes gesetzliches Christentum kennengelernt, und ich konnte mir gut vorstellen, dass es etwas Weiterführendes geben müsse. Es hieß außerdem, dass das Neue Zeitalter eine neue Weltordnung mit einer Weltregierung, einem einheitlichen Wirtschaftssystem sowie einer Weltreligion bekommen solle. Die Notwendigkeit dafür leuchtete mir ein. Schon lange war ich mit der Ungerechtigkeit der Verteilung der Güter dieser Welt beschäftigt. Und warum sollte es nicht eine Weltreligion geben? Endlich würden dann die Religionskriege aufhören. Schließlich, so meinte ich, handele es sich doch immer um den gleichen Gott, nur mit unterschiedlichen Namen.

Spannend und interessant fand ich auch den Denkansatz des Neuen Zeitalters. Er beruhte hauptsächlich auf der Annahme, es gebe sowohl im Menschen als auch im Kosmos ein geheimes, verborgenes (esoterisches) Wissen. Wer den Zugang dazu habe und dieses Wissen in die Praxis umsetze, würde befähigt werden, seine eigene Göttlichkeit zu erkennen und die damit verbundenen Kräfte zu erlangen. Ein paar Jahre später hörte ich, dass dies alles unter dem Begriff «Esoterik» zusammengefasst wurde.

Der Begriff «*Esoterik*» kommt von dem griechischen Wort *esoterikos* und bedeutet: «innen, verborgen, geheim». Er ist in gewissem Sinn ein Regenschirmbegriff, denn er umfasst alle Methoden, die geheime Lehren über verborgene Kräfte vermitteln wollen.

Im Laufe der Zeit sang ich nicht nur spirituelle Lieder indischer Gottheiten, sondern beschäftigte mich auch mit dem Wissen hinduistischer Meister. Ihr spirituelles Wissen und ihre Erfahrungen mit übernatürlichen Phänomenen bestätigten vermeintliche Erkenntnisse, von denen ich annahm, dass sie nur unter dem Gebrauch von Drogen gemacht werden konnten. Nach den Erkenntnissen dieser Meister müsse der Mensch im Grunde ein göttliches Wesen sein. Sein individuelles Selbst (Atman) müsse sich nur mit dem Kosmos, dem «All-Einen», der Weltseele (Brahman) vereinen, dann würde es ungeahnte Kräfte entwickeln.

Eine machtvolle Erkenntnis des Menschen über seine eigene Göttlichkeit und über seine Vereinigung mit kosmischen Kräften schien auch in alten ägyptischen Kulten und in den Lehren keltischer Druiden verborgen zu liegen. Das esoterische Gedankengut des New Age faszinierte mich mehr und mehr.

Der aufkommende Wandel zu neuen Denkmustern sollte natürlich in der Gesellschaft Fuß fassen und sie letztlich ganz durchdringen. Schon bald sprach man von der New-Age-Bewegung, von der allerdings niemand wusste, wer ihr Leiter war. Es gab jedoch Vordenker, z. B. Marilyn Ferguson und Fritjof Capra. Sie sprachen zwar von einem Netzwerk, welches sich über die ganze Welt ziehen würde, sagten aber, dass es sich dabei noch um ein «führerloses Netzwerk»[25] *handele.*

Ich erfuhr, dass auch die Theosophie, die Anthroposophie, die geheimen Orden wie Rosenkreuzer und Freimaurer bereits mehr als hundert Jahre esoterisches (geheimes) Wissen und den Umgang mit Kräften der unsichtbaren Welt lehren. Dieses Wissen wurde im Allgemeinen jedoch nicht der breiten Öffentlichkeit zugänglich gemacht. Auch in alten Kulturen wie bei den Ägyptern, Babyloniern oder Inkas solle dieses Wissen bereits bekannt gewesen sein. Ich fühlte mich geehrt, zu diesem Wissen Zugang haben zu dürfen und meine ersten Erfahrungen mit den dahinterliegenden Kräften zu machen.

Da ich viel Kritik an den bestehenden Gesellschaftsformen in mir hatte, war ich offen für neue Gedanken und Ziele, die das Leben lohnenswerter zu machen schienen.

Zu den angestrebten **Zielen des *Neuen Zeitalters*** gehören u. a. die Veränderung traditioneller Denkmuster, ein neues Welt-, Menschen- und Gottesbild, eine neue Weltordnung mit einer Weltregierung und einer Weltreligion. Vor allen Dingen aber eine Umwandlung bzw. Transformation unseres Planeten in einen paradiesischen Zustand mit göttlichen Menschen.

4.3 Elke: Teil einer Verschwörung?

Mir persönlich leuchteten diese Ziele alle ein. Ich sah, wie zerstört unser Planet und die Menschen waren (inzwischen war ich Psychotherapeutin). In meinem angelernten traditionellen Gottesbild hatte ich nur einen weit entfernten, mehr strafenden Gott erfahren, den ich bestenfalls in Notsituationen anrief. Erneuerung musste geschehen, und dazu wollte ich gerne beitragen.

Eines Tages folgte ich einer Einladung von mir unbekannten Personen. Von außen sah das Gebäude, in dem das Treffen mit geladenen Gästen stattfand, eher abstoßend aus. Es handelte sich um ein ehemaliges Fabrikgebäude. Innen befand sich jedoch eine moderne, geräumige Halle, die als Wohnung ausgebaut worden war. Die vorherrschende Farbe in diesem Raum war weiß. Das gab der Atmosphäre etwas Nüchternes.

Im Gegensatz zu dem Treffen bei Ralf wirkte hier alles distanziert. Die Dame des Hauses war eine attraktive Blondine, die aber eine gewisse Kälte ausstrahlte. Daran änderte sich auch nichts, als sie uns nach der Begrüßung einen Bauchtanz vorführte. Ein wenig verwundert beobachtete ich das Geschehen und fragte mich, was wohl die Absicht dieses Treffens sei. Dies erfuhr ich dann im anschließenden Vortrag der Gastgeber.

Sie sprachen von den notwendigen und bevorstehenden Veränderungen auf unserem Planeten und erklärten, es gäbe ein Netzwerk, das sich über die gesamte Erde ziehe. Es würde aus Menschen bestehen, die alle an der Transformation unseres Planeten interessiert seien. Damit die Transformation schneller voranschreiten könne, sei es wichtig, überall auf der Welt zu einer bestimmten Tages- oder Nachtzeit auf die Erneuerung hinzumeditieren. Der

Zweck des Zusammenkommens läge darin, die Anwesenden zu ermutigen, sich diesem Netzwerk durch tägliche Meditation anzuschließen.

Die Ausführungen von Elkes Gastgebern ähnelten stark dem Gedankengut von Marilyn Ferguson in ihrem Buch: *Die sanfte Verschwörung*. Auch sie berichtet darin von einem Netzwerk. Die Beteiligten werden von ihr «*Verschwörer*» genannt. Sie spricht davon, dass es sich um ein Netzwerk von unzähligen Verschwörern handele, die «sich in Firmen, Universitäten und Krankenhäusern, in Lehrerkollegien, in Fabriken und Arztpraxen, in Bundes- und Staatsämtern, in Stadträten und Regierungssitzen, bei gesetzgebenden Organen, bei gemeinnützigen Organisationen; im Grunde genommen in allen Bereichen des Landes, wo Politik gemacht wird»[26] befänden.

In ihrem Buch stellt sie dem Leser eine wunderbar klingende Theorie über eine persönliche und gesellschaftliche Transformation im Zeitalter des Wassermanns vor Augen. Da es sich ja um das Zeitalter des Friedens handeln solle, dürfe die Veränderung natürlich nur auf eine sanfte Art geschehen. Sie meint, eine der wichtigsten Ursachen für die notwendige Erneuerung liege in der Feststellung, dass die Menschheit bisher «unnötigerweise ein begrenztes Leben»[27] geführt habe.

Katalysatoren für die Verschwörung sollen, laut Ferguson, natürlich die Menschen sein; denn sie drücken ihre Standpunkte überall aus: «... in Klassenzimmern, im Fernsehen, gedruckt, im Film, in der Kunst, in Liedern, in wissenschaftlichen Zeitschriften, auf Vortragsreisen, während Kaffeepausen, in Regierungsdokumenten, bei gesellschaftlichen Anlässen und im Rahmen neuer Verwaltungspolitik und neuer Gesetzgebung.»[28]

4.4 Quelle des neuen Gedankengutes nach Ferguson

Das, was sowohl sie selbst als auch viele Menschen auf der Welt zu dem neuen Gedankengut führte, nannte Ferguson zuerst ein «*Etwas*», das «sich mit beinahe schwindelerregender Schnelligkeit»[29] bewege. Dieses «*Etwas*» hatte bereits «sowohl die Medizin als auch die Erziehung, die Sozialwissenschaft, die Naturwissenschaft und die Regierung ... angesteckt.»[30]

Nachdem sie in ihrem Buch das *«Etwas»* als einen *«neuen Geist»*[31] oder *Geist unseres Zeitalters* identifiziert hat, spricht sie von seinen persönlichen Eigenschaften: «Er respektiert sowohl Aufklärung als auch Mysterium … Macht und Menschlichkeit … gegenseitige Abhängigkeit und Individualität. Er ist sowohl politisch als auch unpolitisch.»[32] Im Verlauf des Buches schwankt sie in ihren Ausführungen jedoch immer wieder zwischen einer unpersönlichen Kraft *«Etwas/Es»* und einem *Geist* mit personalen Zügen hin und her. Eines scheint dieser *Geist* nach ihrer Erkenntnis klar zu bewirken: Er vereint «Magie und Wissenschaft».[33]

Mich beschlich ein ungutes Gefühl, als ich den Auftrag meiner Gastgeber vernahm. Die Vorgehensweise für eine Veränderung schien mir nur scheinbar sanft zu sein. Aber schon nach kurzer Zeit waren alle Bedenken verflogen. Denn schließlich war es tatsächlich so, dass sowohl die Menschen als auch die Erde zerstört waren und sich etwas ändern musste.

Von nun an versuchte ich täglich, die Transformation der Erde durch gezielte Meditation zu fördern. Es hieß, ich könne nicht nur durch Meditation meine inneren Kräfte einsetzen und Veränderung bewirken, sondern auch durch Visualisierung. Dazu musste ich mir z. B. vor meinem inneren Auge vorstellen, wie ich mich mit dem Licht des Kosmos verbinde, es durch mich hindurch fließen lasse und es dann in die zerstörte Welt gebe. Dies solle die Selbstheilungskräfte der Erde fördern.

Mit der Zeit lernte ich, dass ich nicht nur die Erde, sondern auch meine eigene Lebenssituation durch Visualisieren beeinflussen konnte. Sollte ich z. B. einmal in Geldnot sein, brauchte ich mir nur vor meinem inneren Auge das nötige Geld vorzustellen und zu sehen, wie es in meine Hände fließt. Ich wurde immer faszinierter über das «verborgene Potential», welches angeblich in mir stecken sollte.

5. New Age heute?!

Wenn wir heute Vorträge oder Seminare halten und den Begriff *New Age* verwenden, hören wir immer wieder: «Das ist doch längst vorbei. Damit haben wir nichts zu tun.» Tatsächlich gehört *New Age* als Begriff oder Beschreibung unserer Zeit der Vergangenheit an. Wie ist es aber mit dem Gedankengut?

Der New-Age-Autor F. Capra schrieb zusammen mit dem Benediktinerpater Steindl-Rast Anfang 1990 das Buch ***Wendezeit** im Christentum.* Damals bedauerte Steindl-Rast schon, «diesen bedeutungsvollen Begriff *[New Age] einer* vergangenen Periode zu überlassen.»[34] Nach seiner Meinung «ruft die gute Botschaft [der *New-Age-Bewegung*] eigentlich stets nach einem neuen Zeitalter.»[35] Darum könne man in diesem Sinne diesen Ausdruck erneut oder immer noch verwenden.

Er drückt damit aus, dass es zwar inzwischen nicht mehr um die Manifestation einer Bewegung gehe, wohl aber darum, dass die angestrebten Ziele beibehalten werden müssten. Sie sollten die Grundausrichtung für dieses angebrochene *Neue Zeitalter* sein.

Capra schrieb, dass der Einfluss der *New-Age-Bewegung* auf unsere Gesellschaft sich zuerst auf folgende Bereiche richte:[36]

1. Auf die Entfaltung des menschlichen Potentials,
2. auf den ganzen Bereich der Humanistischen Psychologie,
3. auf das Interesse für Spiritualität,
4. auf das Interesse für okkulte, paranormale Phänomene sowie
5. auf die Bewegung für ganzheitliche Gesundheit.

Diese Ausrichtung hat inzwischen in unserer Gesellschaft tiefe Wurzeln geschlagen. In ihr wird das neue Menschen- und Gottesbild dieses angebrochenen Zeitalters aufgerichtet. Im Folgenden werden wir die Entwicklung in den von Capra genannten Bereichen untersuchen, um zu prüfen, ob die Einflüsse der *New-Age-Bewegung* tatsächlich in unserer Gesellschaft verwirklicht werden.

5.1 Die Entwicklung des menschlichen Potentials

In unserer westlichen, christlich geprägten Welt bedeutet das Wort *Potential* im Allgemeinen die «Summe aller für einen Zweck zur Verfügung stehenden Mittel»[37] (Leistungsvermögen oder der Energievorrat, vergleichbar auch mit dem griechischen *dynamis*). Das menschliche Potential kann sich auf Wissen und Kompetenz, auf körperliche Kondition und seit dem Beginn des *Neuen Zeitalters* sogar auf seelisch-geistiges und spirituelles Vermögen beziehen. Man geht immer mehr davon aus, dass sowohl Wissen und Kompetenz als auch körperliche Leistung sogar nur dann voll ausgeschöpft werden können, wenn das seelische und spirituelle Potential mit einbezogen werden. Aus diesem Grunde sind die beiden letzten Bereiche inzwischen wichtige Elemente in Seminaren für Management-Trainings geworden.

Das Gedankengut eines innewohnenden spirituellen Potentials kommt jedoch aus den östlichen Religionen, besonders dem Buddhismus und dem Hinduismus. Die Anwendung ihrer Praktiken und Weisheiten versprechen «Spitzenleistungen ohne Stress und Verspannungen.»

Jack Welch, ehemaliger leitender Angestellter von General Electric und Trainer des Veda-Management-Trainings[38], behauptet in der Ankündigung seines Seminars: «Eine der wichtigsten Aufgaben eines Unternehmensleiters besteht darin, das geistige Potential aller Mitarbeiter auszuschöpfen.» Dies ist sicherlich ein guter Gedanke. Der Haken ist nur, dass die Mitarbeiter dafür bereit sein müssen, sich auf östliche Methoden und Lehren einzulassen, die ihnen ein grenzenloses (göttliches) Potential ermöglichen sollen.

Anthony Robbins ist Autor verschiedener Bestseller über *das Power-Prinzip* und seit 25 Jahren anerkannter Berater vieler führender Persönlichkeiten aus Politik und Wirtschaft. Seine Bücher basieren ebenfalls auf den Gedanken einer Verbundenheit mit einer grenzenlosen Energie. In einer seiner Buchbeschreibungen heißt es: «Schluss mit Fremdbestimmung, Frustration und Unsicherheit – mit der Freisetzung der verborgenen inneren Kräfte kann jeder lernen, sein Schicksal selbst zu bestimmen.»[39] Er soll mit seinen Büchern über 50 Millionen Menschen aus 80 Ländern positiv beeinflusst haben.

Eine diplomierte Mentaltrainerin, die u. a. Seminare für Management und Business anbietet, sagt, ihre Beratung fände unter «Einbeziehung psychologischer Visualisierungstechniken, Atem-, Intuitions- und Kommunikationstraining» statt.

Aus der Beschreibung der Ziele ihrer Seminare geht dann jedoch eindeutig hervor, dass es um viel mehr geht als um psychologische Erkenntnisse oder Kommunikationstraining. Die Kursteilnehmer sollen letztendlich mit telepathischen Fähigkeiten ausgerüstet werden, um ihr Gegenüber (z. B. Geschäftspartner, Angestellte) genauer einschätzen und manipulieren zu können. Aber nicht allein das, sondern sie ist sogar der Meinung, dieser sogenannte «telepathische Rapport» könne «auch über Entfernung, ohne direkten visuellen oder körperlichen Kontakt»[40] entstehen. In all ihren Aussagen wird der Eindruck vermittelt, die auftretenden Phänomene seien Fähigkeiten des eigenen menschlichen Potentials.

Das mentale Training spielt inzwischen auch bei Sportlern eine wichtige Rolle. Trainer Rainer Hatz behauptet: «Das mentale Training ist eine nicht nur luxuriöse Ergänzung des Standardtrainings – nein –, es ist heute notwendig, um an die Spitze zu kommen und sich dort zu halten.»[41] In seinem EQ-Training (Emotionale Intelligenz) will Hatz u. a. Defizite und Verletzungen aus der Kindheit aufarbeiten, negative Gedanken über sich selbst in «positive Energie» umwandeln und Erfolg mittels positiver Gedanken und Rituale programmieren.

Ebenso bot Jürgen Klinsmann als Trainer des FC Bayern den Spielern Mentaltraining an. Denn, so meinte er, wenn sich Spieler nicht auch im Kopf änderten, dann helfe auch das ganze Training nichts.[42] Das Trainingsgelände wurde zur Mentaloase umgestaltet. Um einen «guten Energiefluss»[43] zu gewährleisten, wurden u. a. mehrere Buddha-Statuen im Trainingszentrum und auf der Dachterrasse aufgestellt. Inzwischen haben sich Klinsmanns Theorie und seine spirituell ausgerichteten Maßnahmen jedoch nicht als wirksam erwiesen. Die Statuen wurden entfernt, und er musste den Verein als Trainer verlassen.

Nicht nur bei Deutschlands Fußball-Elite, sondern auch im Allgemeinen zeigt sich die hauchdünne Grenze zwischen mentalem Training und spirituellen oder religiösen Dimensionen.

Die Verbindung zwischen dem Erkennen des menschlichen Potentials und dem Buddhismus ist nicht zufällig. Buddhistische Lehrer sprechen häufig von «innerem Potential» und der Notwendigkeit, Blockaden, die die Entfaltung des Potentials verhindern, aufzuheben. Der tibetische Lehrer **Geshe Pema Samten** sagt: «Wenn die richtigen Bedingungen zusammenkommen, d. h. wenn die tugendhaften Eigenschaften entwickelt und Verdienste vermehrt werden, dann reift das innere Potential heran.»[44]

Doch was ist mit diesem Potential gemeint? Es handelt sich um die sogenannte Buddha-Natur, welche z. B. folgendermaßen definiert wird: «Das letztendliche Potential eines jeden fühlenden Wesens (Menschen, Tiere, Götter oder Geister) hat keinerlei Begrenzungen. Gleichzeitig ist die eigentliche Wesensnatur eines jeden fühlenden Wesens vollkommen.»[45]

In dieser Definition von Potential liegt ein großer Unterschied zwischen dem westlichen (christlichen) und dem östlichen (buddhistischen/hinduistischen) Denken über den Begriff *Potential.* Wenn wir im Westen von menschlichem Potential sprechen, ist damit – trotz aller Ausbaumöglichkeiten – auch immer eine gewisse Begrenzung gemeint. Denn es wird davon ausgegangen, dass wir als menschliche Geschöpfe individuell verschieden sind und jeder über ein unterschiedlich begrenztes Potential verfügt.

Den Tieren wird ein weitaus geringeres Potential zugesprochen als den Menschen. Diese Annahme liegt nicht nur in der Forschung begründet, sondern wird bereits in der Bibel durch den Schöpfungsbericht bestätigt. Gott, so heißt es dort, schuf den Menschen nach seinem Bilde und gebot ihm, über die Tiere zu herrschen. Der Mensch hat, im Gegensatz zum Tier, mentales Bewusstsein und somit die Möglichkeit, über sich, die Welt und Gott nachzudenken.

Wie bereits in Kapitel 3.4 erwähnt, bewirkte der Ungehorsam der ersten Menschen gegen Gott den Rauswurf aus dem Paradies und damit die Trennung von ihm. Seit dieser Zeit ist der Mensch nicht mehr vollkommen oder, wie Gott sagte, «sehr gut», sondern sündig. Er hat einen Teil seiner ursprünglichen Fähigkeiten verloren, die von Gott gesetzte Ordnung (nämlich über die Tiere gestellt zu sein) blieb jedoch bestehen.

Im Buddhismus dagegen wird allen Wesen, Menschen genauso wie Tieren, ein unbegrenztes Potential (Buddha-Natur) zugesprochen. Somit handelt es sich nicht um etwas Einzigartiges und Persönliches, sondern es geht vielmehr um eine alle Dinge und alle Wesen durchdringende unpersönliche Kraft, in der es keine Trennung und keinen personalen Gott gibt.

Diese Annahme liegt auch der Esoterik zugrunde. Sie würde das Potential nicht Buddha-Natur, sondern «göttliches Potential» nennen. Ebenso wie beim Buddhismus ist sie der Meinung, der menschliche Verstand stehe dem Erfahren der «göttlichen» Kraft im Wege. So behauptete der Erfolgsautor und spirituelle Guru Steven Harrison in einem Vortrag: «Die Pforte zum menschlichen Potential liegt im Tod jeglichen Wissens.»[46] Das Erkennen des verborgenen Potentials soll nur in einer spirituellen mystischen Erfahrung möglich sein.

Martin:

«Der Buddhismus will das unbegrenzte menschliche Potential freisetzen», sagte der Lama zu den anwesenden, meist westlichen Sinnsuchern. Ich hatte eine Decke um mich herumgeschlagen, um mich vor dem kalten Wind, der durch die Ritzen des Zeltes zog, zu schützen. Die unbequeme Sitzhaltung, die schmutzigen Räume des tibetischen Klosters in Nepal und die durchdringende abendliche Kälte hatten mein Bewusstsein dumpf werden lassen. Nun horchte ich jedoch auf. Tief in mir hoffte ich auf ein verstecktes Potential.

Ich empfand mich als schüchtern, zurückhaltend oder vielmehr gehemmt, aber ich meinte zu wissen, dass viel mehr in mir stecken würde, und dieses Potential wollte ich kennenlernen. Nun hieß es, dass es durch Meditation und andere Übungen zum Erwachen gebracht werden könne. «Nun, dafür bin ich gekommen», dachte ich. So schien es also doch noch eine Möglichkeit zu geben, einen Weg zu finden, mich aus meinen Blockaden zu befreien. Originell war dieser buddhistische Weg auf jeden Fall, denn keiner meiner Vorfahren hatte sich mit diesen Lehren befasst.

Unwillkürlich schweiften meine Gedanken nach Hause. «Rette deinen eigenen Po!», hörte ich meine Mutter zornig rufen, nachdem ich sie mit meiner widerspenstigen Art gereizt hatte. Die Erinnerung an diesen immer wiederkehrenden Zornesausruf brachte diesmal eigenartigerweise fast ein Gefühl von Heimweh hervor. Diesem Gefühl wollte ich mich allerdings nicht hingeben. Vielmehr spürte ich in mir den Drang, ihrer Aufforderung nachzukommen, um unter Beweis zu stellen, dass ich mich selbst retten könnte.

Meine Mutter war sehr nüchtern gewesen, und ich hatte gelernt, dass der Verstand im Leben eine große Rolle spielt. Nun hörte ich, es sei ganz wesentlich, das gelernte analytische Denken zu verabschieden und sich auf die innewohnende Buddha-Natur einzulassen. In den ersten Versuchen, die Anwei-

sungen des Lamas bezüglich der Meditation zu befolgen, wollte es noch nicht so recht gelingen, aber ich gab nicht auf.

Nach zwei Wochen erfuhr ich kurze Momente eines erhabenen Losgelöstseins. Dann, nach über einem Monat, erlebte ich für einen Augenblick ein befreiendes Schweben. Jedes Körpergefühl war verschwunden. Ich nahm einen Raum oberhalb meines meditierenden Körpers wahr, in dem sich große Lichtgestalten befanden. Waren das die ersten Beweise eines verborgenen Potentials in mir? Staunend meinte ich die Quellen einer großen Kraft in mir zu entdecken.

Später hatte ich Mühe, den Stolz über diese spirituellen Erkenntnisse zu verbergen. Ein wenig Unsicherheit blieb jedoch. Kamen sie wirklich aus mir?

Auch bei Capra, der sich vom Katholizismus ab- und zum Buddhismus, Hinduismus und Taoismus hingewandt hat, spielt die spirituelle mystische Erfahrung für die Entfaltung des menschlichen Potentials eine große Rolle. Durch sie soll der Mensch seine eigene «Göttlichkeit» erkennen.

Das «menschliche Potential» wurde in den 70er-Jahren in der «Bewegung für das menschliche Potential» thematisiert. Ziel war es, alle Möglichkeiten des Menschen auszuloten und zu erforschen. Emotionale und kreative Begrenzungen sollten gelöst werden. Eine Reihe von Psychotherapien, psychologischen Schulen und Zentren versuchten mittels Selbsterfahrungsgruppen und durch ein sogenanntes Sensitivitätstraining den Weg zur Entfaltung des menschlichen Potentials vorzubereiten.[47] Vielleicht war der Beginn dieser Bewegung noch eher auf die Entwicklung menschlicher Fähigkeiten ausgerichtet. Dies änderte sich aber innerhalb kürzester Zeit. Deutlich erkennbar ist dies an der Entwicklung der Humanistischen Psychologie.

5.2 Die Humanistische Psychologie

Im Verlauf der Entwicklung der Humanistischen Psychologie gewann das östliche Verständnis von der Entfaltung des menschlichen Potentials immer mehr an Bedeutung. Steindl-Rast behauptete 1991 sogar, die Gesellschaft für Humanistische Psychologie habe «ein voll entwickeltes *New-Age-Bewusstsein*».[48] Was ist damit gemeint?

1961 wurde in Amerika die Gesellschaft für Humanistische Psychologie[49] gegründet. Damals war sie vor allem eine Protestbewegung, die sich deutlich von den vorangegangenen therapeutischen Richtungen (z. B. Psychoanalyse und Verhaltenstherapie) abgrenzen wollte.

Den Gründern, Psychologen wie Abraham H. Maslow, Carl R. Rogers und Charlotte Bühler, lag es am Herzen, einen Beitrag zur Entwicklung einer menschengerechteren und menschenwürdigeren Umwelt zu leisten, in der der Einzelne sich persönlich entfalten, Verantwortung für sein eigenes Handeln übernehmen und ein sinnvolleres Leben führen könne.

Einer der bekanntesten Vertreter der Humanistischen Psychologie ist Fritz Perls mit der Methode der Gestalttherapie. Er meinte: «Die Idee der Gestalttherapie ist es, aus Papiermenschen wirkliche Menschen zu machen. [...] Es ist die Idee, den ganzen Menschen unserer Zeit zum Leben zu erwecken und ihn zu lehren, wie er seine inneren Kräfte nutzen kann ...»[50]

Man war der Meinung, im Menschen läge nicht nur die Möglichkeit der Wahl, sein Leben aktiv zu verändern, sondern er hätte letztendlich sogar das Potential, Gestalter seiner eigenen Existenz zu sein.

Die Verwirklichung dieses Menschenbildes sollte nicht allein auf Erkenntnissen der Wissenschaft basieren, sondern durch ein erlebnisaktivierendes Therapieverfahren gefördert werden, wie z. B. Rollenspiele, das Malen von Bildern, Bewegung, Musik, aber auch Gespräche. Ein wichtiges Hilfsmittel sollte außerdem das Gewahrwerden aller gegenwärtigen Gefühle, Empfindungen und Verhaltensweisen sein.

Begriffe bildeten sich heraus, die inzwischen bei den meisten Menschen zum allgemeinen Sprachgebrauch gehören, wie z. B.: *Ganzheitlichkeit, Selbsterfahrung, sich selbst verwirklichen, spüren, in sich hineinspüren, aus dem Bauch – nicht aus dem Kopf, wie fühlt es sich an, hier und jetzt.* Auch der Begriff *(inneres) Potential* ist ein Produkt dieser Strömung.

Das alles klingt sehr menschenfreundlich und einladend. Was aber ist mit Potential gemeint? Zuerst einmal natürliche Fähigkeiten, die in jedem Menschen angelegt sind, um sein Leben zu bewältigen und gemeinschaftsfähig zu werden.

Durch entsprechendes Training, durch Erziehung oder Vorbilder ist der Mensch tatsächlich in der Lage, mehr aus sich herauszuholen, als es unter bestimmten oder in für ihn schädlichen Lebensbedingungen möglich ist. Die Therapie oder Beratung soll also dazu beitragen, dass der Mensch nicht mehr in seinem begrenzten Denken über sich selbst und in den angelernten Möglichkeiten gefangen gehalten wird. Dazu müsse er sich selbst kennenlernen, Verantwortung für sein Denken und Fühlen übernehmen, psychische Abwehrmechanismen erkennen und überwinden, auf seine innere Stimme hören und sich gemäß seinen Erkenntnissen verwirklichen.

Hierbei blieb es jedoch nicht. Im Laufe der Jahre beeinflusste die *New-Age-Bewegung* mit ihrem spirituellen Denken die humanistisch ausgerichteten Therapieformen mehr und mehr. Das Potential eines Menschen lag nun nicht mehr nur in seinen natürlichen Fähigkeiten, sondern in der Entfaltung seiner spirituellen Möglichkeiten, oder noch deutlicher gesagt, in seiner innewohnenden Göttlichkeit. Dies geht bereits aus dem genannten Gedanken hervor, der Mensch habe die Möglichkeit, Gestalter seiner eigenen Existenz zu sein. Sein Ziel sei es, sein göttliches Potential zu erkennen und zu leben. Diese Erkenntnis würde ihn nicht nur zu einer höheren Bewusstseinsebene führen, sondern auch dazu beitragen, dass der Mensch zurück zu seiner ursprünglichen Quelle (Göttlichkeit) fände. Notwendig dazu sei allerdings ein Prozess der Reinigung von inneren Blockaden und von bindenden Gedanken- und Erfahrungsmustern.

Diese Entwicklung von natürlichen Fähigkeiten und Bedürfnissen hin zu einer Vereinigung mit Gott bzw. dem Göttlichen ist auch bei dem Psychologen Abraham H. Maslow erkennbar. Er veröffentlichte 1943 ein Modell, um die Motivation zu beschreiben, die Personen dazu veranlasste, ihre vermeintlichen Grenzen zu überschreiten. Sein Modell wurde *Bedürfnishierachie* oder *Bedürfnispyramide* genannt und enthielt zunächst fünf, später jedoch sechs Stufen. Es ist zu einem Grundmuster der Entwicklung des Menschen geworden und wird immer noch, z. B. für Mitarbeitermotivation in Betrieben, eingesetzt.

Maslow stellte fest, dass jeder Mensch bestimmte Grundbedürfnisse hat wie Nahrung, Schlaf, Wohnraum (erste Stufe). Er braucht Sicherheit, was Recht und Ordnung, festen Arbeitsplatz usw. bedeutet (zweite Stufe), sowie soziale Beziehungen wie Familie, Freundeskreis, Partnerschaft (dritte Stufe). Diese müssen erfüllt sein, um eine gewisse Zufriedenheit zu erfahren.

Für einen Teil der Menschheit scheint das Ziel ihres Lebens im Erlangen dieser drei Stufen erreicht zu sein, andere wünschen sich mehr. Sie stecken ihr Ziel höher und streben nach sozialer Anerkennung wie Status, Respekt, Geld, Macht, Karriere (vierte Stufe). Die letzte (fünfte) Stufe, die der Mensch gemäß Maslow erklimmen wollte, war das Ziel der Selbstverwirklichung, worunter er z. B. Individualität und Talententfaltung verstand.

Erst 1970, ein paar Jahre nach dem Beginn der *New-Age-Bewegung*, fügte er eine weitere Stufe hinzu, nämlich die der «Transzendenz». Damit meinte er die Suche nach Gott oder nach einer das individuelle Selbst überschreitenden Dimension, nach deren Begegnung oder Vereinigung der Mensch ein Verlangen habe. Das bedeutete, der Mensch könne sich (erst) dann verwirklichen, wenn auch dieses Bedürfnis gestillt sei.

Dieser Gedanke ist den Aussagen der Bibel zwar nahe, denn Gott hat dem Menschen Sehnsucht nach ihm ins Herz gelegt[51], und unser Ziel soll ja eine Versöhnung mit ihm sein. Der Unterschied liegt jedoch darin, dass die das Selbst überschreitende Dimension von jeder Person selbst definiert werden kann bzw. soll.

Dieses Denken wird z. B. im Zwölf-Schritte-Programm der Anonymen Alkoholiker (AA) angeboten. Der Mensch soll darin erkennen, dass er selbst mit seiner Kraft am Ende ist und eine übernatürliche Macht braucht, die ihm hilft und ihn heilt. Es muss sich bei dieser Macht nicht um den Gott der Bibel handeln; denn es wird immer wieder betont, dass es hier um einen Gott geht, ***wie wir ihn verstehen***. Jesus selber sagt allerdings, dass *er* der Weg zum Vater sei. Die Bibel macht deutlich: Nur über den Glauben an Jesus Christus, seinen Tod am Kreuz und seine Auferstehung hat der Mensch Zugang zu Gott, dem Vater. In Jesus offenbart uns **Gott, wer er wirklich ist**!

Da aber im *Neuen Zeitalter* nicht mehr das Christentum, sondern die Esoterik vorherrschen soll, muss den Suchenden eine neue Spiritualität angeboten werden. Um religiöse Streitereien zu vermeiden und Jesu Tod nicht für sich in Anspruch nehmen zu müssen, liegt der Versuch nahe, eine Dimension in sich selbst zu finden, die alles Wissen, alle Möglichkeiten der Veränderung in sich tragen soll.

Diese Dimension sollte nun durch Atemübungen wie z. B. im Rebirthing[52], Entspannungs- und Bewegungsübungen (z. B. *Kundalini-Yoga*), durch Trancen (z. B. visualisieren, trommeln, tanzen) bis hin zu psychedelischen Drogen (LSD) herbeigeführt werden. Die Folge der Erkenntnisse Maslows sowie der Psychologen Stanislav Grof und Anthony Sutich war die Gründung des neuen Fachgebietes der Transpersonalen Psychologie.

Die Theorie besagt also, dass fast alle psychischen Leiden durch einen Mangel an Sinn oder durch die Angst davor entstünden, die Erfüllung *höherer* Bedürfnisse zu verfehlen. Wenn dies als Grundlage für eine therapeutische Hilfe gesehen wird, bringt es zwangsläufig mit sich, dass Wegweisung auch auf spiritueller Ebene geschehen muss. Dies bedeutet wiederum, die Religion, die spirituelle Einstellung oder das Gottesverständnis des jeweiligen Therapeuten wird zum Wegweiser der Suchenden.

Die Frage dabei ist jedoch: Können wir uns aufgrund von psychologischen Erkenntnissen, Philosophien und Erfahrungen unseren Gott selbst zusammenbasteln? Oder gibt es einen persönlichen, absolut heiligen Gott, der uns den Weg zu sich selbst genau vorgibt?

Auch Elke wurde während ihrer therapeutischen Ausbildungen (Integrative Atemtherapie und Gestalttherapie) gelehrt, sie könne Gott einen beliebigen Namen geben, ihn z. B. als Kraft oder als kosmische bzw. als universelle Energie bezeichnen. Dieses Denken wurde ihr u. a. durch die im Folgenden beschriebenen Übungen vermittelt.

Elke:
Es war gleich im ersten Jahr meiner Ausbildung zur Gestalttherapeutin. Wieder einmal kam ich abgehetzt in der letzten Minute vor Beginn des Trainings in den Seminarraum. Denn ich hatte noch das Essen für das ganze Wochenende vorbereitet, für frische Wäsche und ein geputztes Haus gesorgt, damit meine Familie nicht unter meiner Zusatzausbildung leiden sollte. Schnell zog ich meine Schuhe aus und suchte mir einen Platz in der Gruppe.

Wie üblich begannen wir mit einer Entspannungsübung. Ich liebte diese Übungen, denn sie halfen mir, alle Aufregung hinter mir zu lassen und mich nur noch auf mich selbst und die Ausbildung zu konzentrieren. Bisher waren es überwiegend spielerische Körper- oder Kontaktübungen gewesen. Diesmal standen wir nur im Kreis und wurden aufgefordert, uns vorzustellen, wie aus unseren Füßen ganz allmählich Wurzeln hervorkämen, die immer tiefer in den Boden wachsen würden. Es sollte uns ein Gefühl der Verbundenheit mit der Erde geben, aus der wir auch Kraft ziehen sollten.

Nachdem wir dann systematisch durch die einzelnen Teile unseres Körpers wieder bis hinauf zu unserem Kopf gewandert waren, hörte ich zu meiner Verwunderung, wie der Therapeut uns anleitete, unseren Scheitel für den Empfang der kosmischen Energie zu öffnen.

Dass Gott als kosmische Energie bezeichnet wurde, war mir neu und auch ein wenig fremd. Da ich aber Vertrauen zu dem Therapeuten hatte, ließ ich mich darauf ein.

Tatsächlich fühlte ich eine Kraft durch meinen Körper strömen, und ich hatte den Eindruck, innerlich gestärkt zu werden. Ich hatte mich bereits so viele Jahre nach einer Erfahrung mit Gott gesehnt, nun schien es endlich möglich zu sein. Scheinbar war ich gar nicht so von ihm getrennt, wie ich immer angenommen hatte. Ich schien es sogar selber in der Hand zu haben, seine Kraft zu erleben.

Mit Übungen dieser Art wird neben einer neuen Gotteserkenntnis angestrebt, sich anhand von Entspannungsübungen «höheren» Dimensionen des Bewusstseins zu öffnen.

Inzwischen sind spirituelle Formen der Psychotherapie wie Pilze aus dem Boden geschossen. Der Psychologe Robert Betz erklärt sogar, dass er «auf der Basis von Botschaften aus der Geistigen Welt»[53] die «**Transformations-Therapie**» entwickelt habe. Durch diese Therapieform will er den Menschen in ihrem Transformationsprozess helfen und sie daran erinnern, dass sie von Natur aus göttliche Wesen voller Liebe seien.

Die Humanistische Psychologie hat sich inzwischen als maßgebliche Richtung der Psychologie durchgesetzt und sich in der Transpersonalen Psychologie erweitert. Ihre Methoden und Lehren für seelische Heilung sind mehr und mehr auf Spiritualität ausgerichtet. Der bekannte Psychologe und Schüler Freuds, C. G. Jung, schrieb der menschlichen Seele bereits ein sogenanntes «Höheres Selbst» zu, in dem die Quelle der Göttlichkeit zu finden sei.

Psychotherapeut und Theologe Helmut Hark, der überwiegend nach den tiefenpsychologischen Erkenntnissen Jungs arbeitet, bestätigt die soeben genannten Überzeugungen. Er meint, «dass Menschen in ihrem therapeutischen Prozess dann einen entscheidenden Schritt zur Heilung erfahren, wenn sich ihnen die spirituellen Quellen in der eigenen Seele öffnen.»[54]

Selbsterkenntnis begrenzt sich demnach nicht mehr auf die Erkenntnis persönlicher Verhaltensweisen, Charakterzüge, Fähigkeiten und Grenzen oder prägende Erlebnisse aus der Kindheit, sondern ist häufig – bewusst oder unbewusst – darauf ausgerichtet, das innewohnende, sogenannte «göttliche» Potential zu entdecken und freizulegen, welches den Menschen Meister über die sichtbare und unsichtbare Welt werden lassen soll.

5.3 Interesse für Spiritualität (Mystik)

Schauen wir uns nun Capras Aussage über den Einfluss der *New-Age-Bewegung* für das Interesse an Spiritualität an. Wer mit offenen Augen die Entwicklung unserer Gesellschaft beobachtet, dem wird immer klarer, dass Capras Ziele im Bereich der Spiritualität und Religiosität verwirklicht werden.

Religion im herkömmlichen Sinne, nämlich indem man sich zu einer bestimmten Religion zählt, an deren Gottesbild glaubt sowie *Regeln* und *Gebote* hält, ist nicht mehr populär. Vielmehr geht es heute um das ***Erfahren*** einer transzendenten Dimension und somit um *Spi-*

ritualität und Religiosität. Durch die Erfahrung entsteht der *Eindruck*, mit etwas Göttlichem (Gutem oder Heilsamem) in Kontakt zu sein. Hark sieht Spiritualität als eine «intuitive Kraft, die es dem Menschen ermöglicht, seine Alltäglichkeit und Normalität zu transzendieren und bei Grenzüberschreitungen Erfahrungen zu sammeln, die das Bewusstsein erweitern.»[55]

Trendforscher gehen davon aus, dass weitsichtige Unternehmen mehr Raum schaffen werden für Mitarbeitermeditationen, Gottesdienste und Gesprächsangebote zu spirituellen Themen.

Der Mensch sehnt sich – bedingt durch Leistungsdruck, Existenz- und Versagensangst sowie eine immer größer werdende Isolation – nach einer Anbindung an eine höhere Macht. Die Möglichkeit, auch im Arbeitsbereich diese Themen und Erfahrungen mit einzubeziehen, scheint eine beruhigende, ja sogar produktive Wirkung auf den Menschen zu haben. So wird inzwischen in vielen größeren Unternehmen z. B. Yoga angeboten. Denn Yoga soll (wie wir in Kapitel 6 näher erklären) nicht nur auf den Körper und die Seele wirken, sondern besonders auf den Geist.

Yoga soll das Bewusstsein erweitern. Mit den Körperhaltungen werden gleichzeitig hinduistische Lehren vermittelt. Diese sprechen davon, dass das Selbst (Atman) und das Göttliche bzw. Absolute (Brahman) als Einheit gesehen werden und sich durch körperliche Übungen, Meditation und innere Reinigung von Blockaden miteinander verschmelzen können.

Auf diese Weise wird das Interesse an Spiritualität und spirituellen Erfahrungen geschickt geweckt und gelehrt – oft, ohne dass die Teilnehmer sich dessen bewusst sind.

In gewisser Weise ist auch hier eine Entwicklung zu erkennen, die auf einem von Gott gegebenen Wunsch basiert, nämlich der Verbindung oder Beziehung zu ihm. Dieser Wunsch wird zunehmend durch den Gedankengang missbraucht und ersetzt, jeder Mensch könne sich selbst zum Gott emporarbeiten. Statt: «Erkenne Gott!», heißt es: «Erkenne deine Göttlichkeit!»

Wie wir bereits erwähnten, spricht die New-Age-Autorin Ferguson von einem Geist, der dieses Denken auf eine «sanfte» Art vorantreibt. Bildlich dargestellt werden könnte es – ähnlich wie bei Maslow – in Form einer Pyramide.

Im unteren Bereich befindet sich die breite Masse, die sich nur ein wenig mehr Lebensqualität, bessere Leistungen oder Heilung wünscht (wie Lucie). Sie gehört, gemäß Ferguson, zu den passiven (und ahnungslosen) Teilnehmern der Verschwörung. Diese Menschen besuchen einen Yoga- oder Tai-Chi-Kurs, lassen sich eine Shiatsu-Massage oder eine Reiki-Sitzung angedeihen, und damit hat es sich.

Die meisten Angebote versprechen, den Energiefluss im Körper zu harmonisieren und die Selbstheilungskräfte anzuregen. Was die suchenden Menschen vielleicht nicht wissen, ist, dass alle diese Methoden bewusstseinserweiternd wirken sollen und auf eine Einheit mit kosmischen Energien hinwirken. Die Suchenden hören etwas von Ganzheitlichkeit und stellen sich vor, es handele sich um eine Einheit von Körper, Seele und Geist. Sie wissen jedoch nicht, dass es bei dem esoterischen und fernöstlichen Verständnis von Ganzheitlichkeit um eine Einheit von **Körper, Seele, Geist und Kosmos** geht.

Etliche von ihnen ahnen oder wissen sogar, dass die Übungen einen religiösen Hintergrund haben, sind aber der Meinung, Übungen und Religion voneinander trennen zu können. Meist unbemerkt schleicht sich bei vielen dieser Personen ein neues Menschen- und Gottesbild ein. Vielleicht sprechen sie plötzlich selber von *Bewusstseinsveränderung,* ohne zu wissen, was sie wirklich beinhaltet. Ungewollt steigen sie ganz allmählich in das Gedankengut ein und bewegen sich damit auf die nächste Stufe. Laut Ferguson werden sie so zu aktiven Teilnehmern der «Verschwörung», die den Menschen ein spirituelles Erwachen verspricht.

Wenn nun eine Freundin oder ein Verwandter Entspannung braucht, berichten sie von ihren Erfahrungen und geraten damit in die Stufe der passiven Anbieter. Meistens bleibt es dann nicht bei einer Methode, sondern angeregt durch Bücher und andere Teilnehmer möchten sie nach einiger Zeit weitere Erfahrungen machen, die vielleicht noch mehr zum Wohlgefühl beitragen. Bis die Begeisterung für all die sanften Wege so groß ist, dass sie selber mit einer Ausbildung beginnen und «all das Gute» weitergeben wollen. Womit sie – ohne sich dessen bewusst zu sein – auf die nächsthöhere Stufe der aktiven Anbieter gerückt sind.

Auch Ärzte können laut Ferguson zu dieser Gruppe gehören. Sie müssen überhaupt kein spirituelles Interesse haben, bieten aber auf

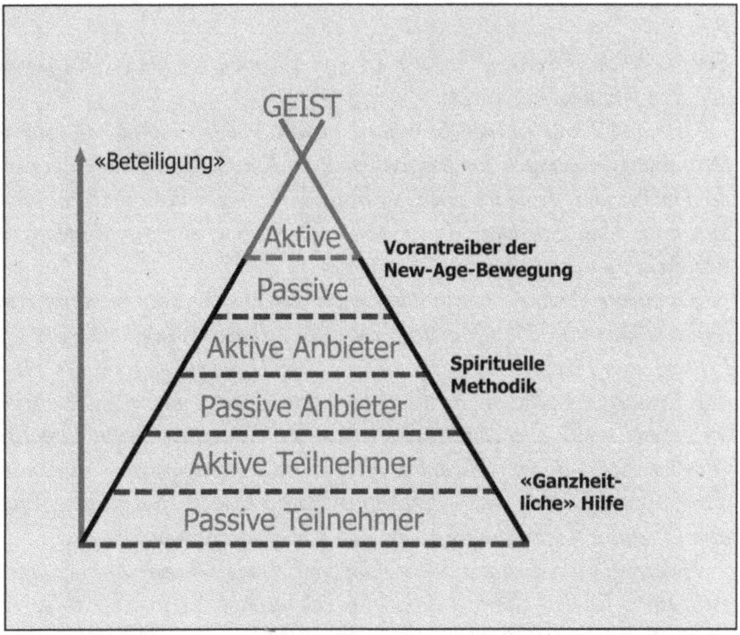

vermehrten Wunsch der Patienten oder aus finanziellen Gründen immer häufiger alternative Methoden mit spirituellem Hintergrund an.

Nach Ferguson ist es möglich, dass ein «Verschwörer» sich zwar bewusst auf das Wirken des Geistes eingelassen hat, gesellschaftlich bereits auf der Ebene der Gesetzgebung, auf wirtschaftlicher Ebene oder in politischen Entscheidungen sein Gedankengut einbringt und trotzdem noch nicht weiß, worum es sich genau handelt. Sie meint, in solch einem Fall sei die Person zwar ein passiver, aber dennoch wirksamer Förderer der Bewegung und befände sich direkt unter der Spitze der Pyramide, nämlich auf der Stufe derjenigen, die bewusst das spirituelle Gedankengut und die gesellschaftliche Transformation (Umwandlung) vorantreiben. Das Verlockende an den spirituellen Angeboten sind die Theorien einer idealen «göttlichen» Welt und die Aussicht auf einen neuen Menschen.

Elke:

Erst rückblickend erkenne ich, wie der von Ferguson genannte Geist genau auf diese Weise bei mir wirkte:

Gespannt betrat ich den Seminarraum der Volkshochschule. «Kreativitätstraining», versprach die Ankündigung des Kurses. Da Malen eines meiner Hobbys war, freute ich mich auf neue Anregungen; denn nach ein paar Jahren als Hausfrau und Mutter wollte ich meine geistigen und kreativen Fähigkeiten wieder aktivieren.

Zu meiner Verwunderung entdeckte ich, dass es sich jedoch nicht um Anregungen für mein Hobby, sondern um einen Selbsterfahrungskurs unter der Leitung eines Psychotherapeuten handelte. Der Therapeut gab uns den Auftrag, Erinnerungen aus der Kindheit zu malen. Anhand meines Bildes meinten sowohl er als auch andere Teilnehmer des Seminars, meine damalige «Einsamkeit» – die mir bis dahin nicht bewusst gewesen war – «aufzudecken». Geschockt über diese «Erkenntnis» kam ich nach Hause und meinte nun Einzeltherapie zu brauchen, um den Schock zu überwinden.

Heute weiß ich, dass die Betrachtung und Analyse meiner Erinnerungen zwar einen Teil der Wahrheit enthielt; es gab tatsächlich Momente, in denen ich mich einsam gefühlt hatte. Dieser Teil wurde jedoch an diesem Wochenende zu einseitig betont.

Nach dem Seminar entschloss ich mich, meinem Leben eine andere Richtung zu geben. Ich wollte viel mehr meinen Bedürfnissen nachgehen. Als Erstes suchte ich Entspannung in einem Yogakurs. Bewusstmachung und Selbsterfahrung wurden von nun an zwei meiner wichtigsten Begriffe.

Ich lernte, dass Unwissenheit über sich selbst bedeuten würde, sich nicht weiterentwickeln zu wollen. Bei Freunden und Bekannten begann ich schonungslos «Schwächen» aufzudecken, um – wie ich meinte – ihnen in ihrer Unbewusstheit zu helfen.

Meine eigene Krise führte zu dem Wunsch, auch Therapeutin zu werden. Durch die Ausbildung kam ich immer tiefer in esoterisches und fernöstliches Gedankengut hinein und suchte von nun an nicht nur nach Fähigkeiten in mir, sondern nach meiner eigenen Göttlichkeit, in der mir ein unbegrenztes Potential versprochen wurde.

Natürlich berichtete ich meinen Freundinnen von meinen neu gewonnenen Erkenntnissen und Erfahrungen. Sie hörten mir gebannt zu und interessierten sich schon nach kurzer Zeit für Seminare und Bücher. Auch meiner Familie versuchte ich das neue Gedankengut schmackhaft zu machen. Sobald ich mit Menschen ins Gespräch kam, sei es auf Partys, bei Verwandtschafts-

treffen, im Urlaub und später auch besonders bei meinen Klienten, faszinierte ich Menschen durch mein Erzählen über ein verborgenes Wissen und ungeahnte persönliche Möglichkeiten. Ich lud sie zu Seminaren ein und gab Bücher weiter. Kurzum, ich wurde zu einer aktiven Missionarin für spirituelles, esoterisches und fernöstliches Gedankengut.

Während viele Menschen unter Spiritualität noch Anbindung an eine höhere Macht verstehen, geht Capras Verständnis von Spiritualität darüber hinaus. Er geht davon aus, dass die Anbindung längst vorhanden ist, aber nicht erfahren wird. Spiritualität bedeutet für ihn, das «Gefühl, mit dem Kosmos als Ganzem verbunden zu sein.»[56] Das heißt, sein Gottes- und Menschenbild basiert auf östlichem und mystischem Gedankengut und bedeutet, dass Mensch und Natur als Teile des gesamten Göttlichen betrachtet werden. Mit anderen Worten: Alles ist göttlich. Er sagt: «Im Grunde gibt es überhaupt keine Teile. Was wir als Teil bezeichnen, ist nur ein Muster in einem untrennbaren Gewebe von Zusammenhängen.»[57]

Genau dieses Denken liegt z. B. einem Mandala zugrunde. Ein Mandala «will dem Betrachter ermöglichen, sich selbst ‹im Mittelpunkt› des Seins zu entdecken und zugleich als Teil eines heiligen Kosmos, in dem alles miteinander verbunden ist».[58] So heißt es in einem Mandala-Buch von Martin Schmeisser.

Mandala-Malen wird zurzeit hauptsächlich bei Kindern angeboten; aber auch in Altenheimen, Psychiatrien oder bei ganz normalen Erwachsenen erfreut es sich einer immer größeren Beliebtheit. Es ist eine harmlos aussehende Methode, um das Interesse für (östliche) Spiritualität zu wecken. Dass es sich hier tatsächlich um eine spirituelle Aktivität handelt, wird von dem Autoren-Ehepaar eines Mandala-Buches klar benannt: «Mandalas haben einen geistlichen Hintergrund und eine geistliche Wirkung: Sie wollen zur Mitte des Lebens (zum göttlichen Urgrund) führen. Das Mandala ist also Wegweiser und gleichzeitig ein Weg.»[59] (Näheres in Kapitel 6.)

Sowohl die fernöstliche Lehre als auch die Lehre der Mystik haben das Ziel einer Einheitserfahrung mit dem Kosmos ohne eine Form von Dualität. Gemeint ist damit, dass es kein göttliches Gegenüber geben soll. Die Person und Gott sind eins. Es gibt weder Grenzen noch Bewusstseins- oder Handlungsunterschiede zwischen ihnen.

Zu Beginn der *New-Age-Bewegung* wurden in dem Musical «Hair» die neuen Werte und die neue Spiritualität des Wassermann-Zeitalters besungen. So heißt es im Lied «Aquarius»: «**Mystik** wird uns Einsicht schenken, und der Mensch lernt wieder denken, dank dem Wassermann.»[60]

Einer der meisthofierten Mystiker der esoterischen Literatur ist der mittelalterliche Mystiker Meister Eckhart (ca. 1260–1328). Obwohl lediglich eine Ansammlung von Predigten dieses dominikanischen Theologen vorhanden ist, inspirieren sie offensichtlich zu dem heutigen, so populären mystischen Gedankengut. Der ehemalige Benediktinermönch Pater Williges Jäger zitiert in seinem Buch *Wiederkehr der Mystik* Meister Eckhart, der gesagt haben soll: «Darum bitte ich Gott, dass er mich Gottes quitt mache, denn mein wesentliches Sein ist oberhalb von Gott ... Ich war Ursache meiner Selbst ... Dass Gott Gott ist, dafür bin ich die Ursache.»[61]

Diese Aussage, wenn sie so von Eckhart gemacht wurde, steht in einer Linie mit den Lehren des Hinduismus. Für Hindus ist der Glaube an einen persönlichen Gott nur für Anfänger des hinduistischen Weges akzeptabel. Das Ziel sollte die völlige Auflösung jeder Gottesvorstellung sein und die Erkenntnis: «Ich bin Gott.» Dies sei Ausdruck einer wahren (göttlichen) Natur und Zeichen spiritueller Reife.[62]

Auch der Sufismus, eine mystische Richtung des Islams, spricht von der göttlichen Natur des Menschen. Darum ist auch ihm der Anspruch an die eigene Göttlichkeit nicht fremd.

Wer mit offenen Augen die Entwicklung unserer Gesellschaft beobachtet, dem wird immer deutlicher, dass die von Capra genannten Ziele verwirklicht werden. Wenn heute die Rede von Spiritualität ist, sieht man fast automatisch eine meditierende Person vor sich. Die körperliche Haltung lässt eine mystische Erfahrung vermuten, in der eine Verschmelzung mit dem Kosmos, der Natur oder mit dem Göttlichen stattfinden soll. Es handelt sich um einen Zustand, worin sich der Mensch völlig auflöst, eine Art kosmische Einheitserfahrung. Diese Einheitserfahrung führt in den hinduistischen Schriften der *Upanishaden* zu folgender Erkenntnis: «Du bist Das» – «Du bist letztlich eins mit Gott». Der Autor Ken Wilber bringt diese Aussage in Einklang mit Jesu Worten: «Ich und der Vater sind eins.»[63] Dies ist aus biblischer Sicht aber unzulässig, da sie keine mystische Verschmelzung mit Gott – im Sinne einer Auflösung – als Ziel kennt.

Ein Gott, wie ihn die Bibel beschreibt, der als Schöpfer und reales Wesen zunächst außerhalb von uns zu suchen ist, gehört nicht mehr in das Denken des *Neuen Zeitalters*. Die biblische Aussage: «Gott ist Liebe», wird dagegen in der Esoterik besonders gerne akzeptiert. Gottes Gerechtigkeit und Gericht über alles Böse der Menschen, bis in den kleinsten Gedanken hinein, wird jedoch abgelehnt. Mit solch einem Gott möchte und kann man sich nicht vereinen.

Wenn Gott aber der lebendige, persönliche Gott ist und nicht nur Schöpfer und Liebe, sondern auch Richter seiner Geschöpfe, dann kann der Mensch nur auf seine Knie fallen und ihn um Verzeihung bitten. Dann reicht eine vermeintlich göttliche Erfahrung nicht aus, sondern er braucht Gnade. Gnade kann ihm jedoch nur zugesprochen werden, wenn er sein Gnadengesuch bei Gott «einreicht».

5.4 Interesse für okkulte und paranormale Phänomene

Neben dem Interesse für Spiritualität wollte die *New-Age-Bewegung*, gemäß Capra, in unserer Gesellschaft das Interesse für okkulte und paranormale Phänomene wecken. Dies wird heute bewusst durch (Schul-)Bücher, Filme, Fernsehsendungen, (Computer-)Spiele, Zeitschriften, Feste (wie Halloween) und sogar durch die Werbung vorangetrieben.

Natürlich soll es nicht nur beim Interesse bleiben, sondern die Menschen und besonders die Kinder sollen lernen, sich mit der unsichtbaren Welt vertraut zu machen und Begegnungen mit ihr nicht mehr zu fürchten. Um die breite Masse mit diesem Gedankengut zu erreichen, sind Spiele und Schulbücher am besten geeignet. In einem Englischbuch der fünften Klasse in Hessen werden verschiedene Jugendliche vorgestellt, anhand deren Leben die Kinder die Sprache erlernen können. Unter ihnen ist ein Mädchen, das offensichtlich in Kontakt (oder besser gesagt: in Beziehung) zu einem Geist namens *Prunella* steht. Dieser Geist hilft ihr sogar bei den Schulaufgaben.

Kinder, die Schwierigkeiten in ihrem Leben oder in der Schule haben, könnten sich ebenfalls solch eine Hilfe wünschen. Immer mehr hört man von Kindern, die merkwürdige Wesen in ihrem Zimmer sehen und sich davor fürchten. Nun aber wird ihnen vermittelt, dass es sogar *gut* sei, solch einen Geist um sich zu haben.

Zu den Befürwortern dieses Gedankengutes gehört z. B. die Amerikanerin Lisette Larkins. Sie will bereits in ihrer Kindheit Kontakt mit Außerirdischen gehabt haben. Da sie sehr viel Angst hatte und jahrelang am Unverständnis ihrer Umwelt litt, schreibt sie heute Bücher über Begegnungen mit Außerirdischen und bezeichnet sie als Helfer, die uns zu einer Kontaktaufnahme mit dem kosmischen Bewusstsein führen. In ihren Vorträgen vertrauten ihr offensichtlich viele Menschen ähnliche Erfahrungen an. So heißt es in der Vorankündigung für eines ihrer Bücher: «Millionen von Menschen sind bereits von außerirdischen Bewusstseinen kontaktiert worden. Doch die meisten Menschen leugnen diese Kontakte aus Angst vor der Fremdartigkeit dieser Erfahrung und den Reaktionen unserer Umwelt.»[64]

In der esoterischen Literatur, wie bei Larkins, wird der Umgang mit der unsichtbaren Welt als positiv und bewusstseinserweiternd dargestellt. Häufig gibt es ganze Programme mit Anleitungen für den Umgang mit diesen Wesen und der persönlichen Nutzung ihrer Kräfte. Diese sollen der Aufhebung der menschlichen Begrenztheit dienen und laufen alle auf die Vermittlung des Gedankens hinaus: Der Mensch sei ein spirituelles Wesen, das über ungeahnte innere und äußere Kräfte verfüge! Er habe Macht über sich, über andere, über seine Umgebung und über die unsichtbare Welt.

So hat z. B. das Ehepaar Esther und Jerry Hicks ein Handbuch der Wunscherfüllung geschrieben, das aus Durchsagen des Geistwesens *Abraham* entstanden sein soll. Sie wollen die Leser damit zurückführen zu den kosmischen Quellen ihrer Kraft. Es heißt: Durch «dieses Buch kann jeder sein Leben so ausrichten, dass auch unerreichbare Ziele in greifbare Nähe rücken. Wer sich mit der Urkraft des Universums verbindet, dem eröffnet sich eine neue Welt, in der Wünschen und Bekommen eins werden.»[65]

Harry Potter

Das Ehepaar Hicks nannte als Quelle der Inspiration seines Buches explizit ein Geistwesen. Dies wird von Autoren nicht immer so deutlich ausgesprochen.

Zu den zurzeit populärsten Büchern über die Möglichkeiten der Macht des Menschen im Umgang mit der sichtbaren und der unsichtbaren Welt gehören die Romane über Harry Potter von J. K. Rowling. Rowling wurde in einem Online-Interview zum Welttag des Buches 2004 gefragt, warum sie die Wahl getroffen habe, Bücher über Zauberer zu schreiben. Ihre Antwort war bezeichnend, denn sie deutet ebenfalls auf einen fremden Einfluss hin. Sie sagte, nicht sie hätte gewählt, sondern: *«Es wählte mich! Die Idee sprang einfach in meinen Kopf, und ich wusste, ich muss es schreiben.»*[66]

Der Gedanke kam also von außen auf sie zu. Ähnlich wie bei Ferguson taucht auch bei ihr der Begriff des *«Es/Etwas»* auf. Einerseits drücken die Autoren mit dem Begriff *«Es/Etwas»* eine unpersönliche Kraft aus, andererseits muss dieses *«Es»* aber auch eine Persönlichkeit haben, denn «es wählte», wie Rowling sagte, und leitete sie dazu an, Bücher mit Inhalten magischer Praktiken und Welten zu schreiben.

Rowlings Bücher faszinieren Menschen jeder Altersklasse, regen jedoch besonders Kinder und Jugendliche zur Nachahmung an. Welche Wirkung solche Literatur haben kann, zeigt folgendes Beispiel:

Christine:
Christine hatte bereits Bücher über Hexen und Magier gelesen und deren Wissen und Können bewundert. Aber natürlich waren es nur Geschichten, die mit ihrem Leben nicht wirklich etwas zu tun hatten. Dies änderte sich, als sie von einer Freundin den ersten Band von Harry Potter zum Geburtstag bekam. Die Freundin hatte es natürlich schon längst gelesen und war davon begeistert, wie der kleine, unscheinbare und von den Pflegeeltern verachtete Harry sich in der Zauberschule entwickelte. Die beiden Mädchen identifizierten sich mit ihm und taten alles, um auch die nächsten Bände zu bekommen. Allein oder zusammen malten sie sich Geschichten aus, wie sie selber Menschen, die ihnen vielleicht etwas Böses tun wollten, beeinflussen könnten. Mehr und mehr wurden sie in eine magische Welt gezogen.

Eines Tages entdeckten Christines Eltern, dass ihre Tochter nachts im Schlaf das Haus verließ. Sie nahmen es als etwas, was jedem einmal im

Schlaf passieren könne, schlossen jedoch von nun an alles gut ab. Es blieb aber nicht nur dabei.

Christine konnte ihren Schulweg zu Fuß bewältigen. Meistens träumte sie auf dem Nachhauseweg vor sich hin, so dass sie ihre Umgebung gar nicht mehr richtig wahrnahm. In Gedanken betrat sie die Brücke über die Isar und freute sich auf den freien Nachmittag. Plötzlich hörte sie unter sich das Rauschen des Wassers und sah neugierig über das Geländer. «Ganz schön reißend!», dachte sie. Als sie sich gerade zum Weitergehen umwenden wollte, vernahm sie eine Stimme, die sie aufforderte: «Spring runter!» Ein wenig erschrocken verließ sie eilig die Brücke.

Zu Hause war dieses Ereignis schon bald wieder vergessen. Sicherlich hatte sie sich geirrt. Doch von da an wiederholte sich der Vorgang regelmäßig. Sie schrieb ihn ihrer regen Fantasie und ihren heimlichen Ängsten zu, von denen ihre Eltern nichts erfahren sollten. Erst als sie durch eine Computerpräsentation auf die Hintergründe der Bücher über Harry Potter informiert wurde, berichtete sie ihren Eltern von ihren Erfahrungen. Die Eltern waren geschockt, sahen sich jedoch nicht in der Lage, ihrem Kind das Lesen der Bücher oder die Beschäftigung mit dem Thema zu verbieten.

5.5 Ganzheitliche Gesundheit

Von einem «*Es*», welches einerseits unpersönlich ist und doch persönliche Eigenschaften hat, wird auch im Bereich der ganzheitlichen Gesundheit gesprochen. Für den Psychologen Georg Groddeck war das «*Es*» die Lebenskraft. Er meinte, dieser Lebenskraft stünde der gesamte Organismus als Instrument zum Ausdruck ihrer Strebungen zur Verfügung. «Auf der Grundlage dieser Vorstellung sah Groddeck das Ziel seiner Therapie darin, die Lebenskraft, die Kräfte des ‹*Es*›, so zu beeinflussen, dass sie ihre heilenden Potenzen möglichst wirkungsvoll entfalten könne.»[67] Dies war übrigens auch das Ziel von Samuel Hahnemann (1775–1843), dem Begründer der Homöopathie, der Krankheit in erster Linie als eine Störung jener Lebenskraft sah.

Die Psychologen Jung und Reich haben mit ihrem Menschenbild und ihren Therapieformen das neue ganzheitliche Denken stark beeinflusst. Sie gingen beide davon aus, dass im Menschen eine Art göttliches Potential steckt. So war Jung der Meinung, im Menschen sei als Anlage die «Ganzheit» vorhanden. Sein Ziel war es, diese herauszuarbeiten und zu verwirklichen. Anhand von z. B. inneren verborgenen Bildern sollte der Patient mit störenden Quellen Kontakt aufnehmen.

Reich war – ähnlich wie Capra – der Meinung, der Mensch sei als Teil der Natur auch Teil einer kosmischen Energie, die er «Orgon» nannte. Er ging davon aus, dass «diese Energie sowohl in der Atmosphäre und in ... anorganischen Stoffen als auch in der organischen Natur und in jedem lebenden Gewebe vorhanden sei.»[68] Körperliche und seelische Störungen waren demnach Ausdruck dafür, dass die Energie nicht frei fließen konnte.

Laut Ferguson vereint das *«Es/Etwas»* Wissenschaft und alte Kulte. Sie meint: «... eine aufsehenerregende, neue Sicht der Welt nimmt ihren Anfang, die bahnbrechende Erkenntnisse der Wissenschaft und Einsichten ältesten menschlichen Gedankengutes umfasst.»[69]

Diese Kombination wird besonders in dem neuen Gedankengut über ganzheitliche Heilung deutlich. So heißt es im Buch *Ganzheitliche Gesundheit* der Ärztin Frauke Teegen: «Die sich zurzeit in unserer Kultur entwickelnde ganzheitliche Heilkunde bezieht auf vielfältige Art sowohl die Anregungen der alten Heilsysteme als auch neue wissenschaftliche und psychotherapeutische Erkenntnisse über Zusammenhänge zwischen Körper und Bewusstseinsprozessen ein.»[70] Unter dem Begriff «alte Heilsysteme» versteht sie Methoden mit spirituellem Hintergrund, wie z. B. buddhistische Meditationspraktiken, Rituale oder Energieübertragungen von Geistheilern oder Schamanen. Wenn durch diese religiösen Heilzeremonien ungewöhnliche Heilungen geschehen, sieht Frauke Teegen es entweder als Ausdruck eines enormen Potentials des menschlichen Körpers oder als übernatürliche Kräfte des Heilers sowie des Ortes (einem Platz mit besonderer energetischer Strahlung).

Der Begriff *Ganzheitliche Gesundheit* wurde durch die *New-Age-Bewegung* populär und mit neuen Inhalten gefüllt. Viele Menschen denken bei dem Begriff *Ganzheitlichkeit* an eine Einheit von Körper, Seele und Geist. Die Weltgesundheitsorganisation (WHO) fügte 1946 einen weiteren Bereich hinzu. Sie meinte, es handele sich dabei um einen «Zustand sowohl körperlichen als auch seelisch-geistigen und sozialen Wohlbefindens»[71]. Sie bezieht in ihrer Definition die spirituelle Dimension noch nicht mit ein.

In unserer heutigen Zeit könnte die Definition von ganzheitlicher Gesundheit folgendermaßen lauten: ein Zustand sowohl körperlichen als auch seelisch-geistigen und sozialen Wohlbefindens sowie einer Einheit mit dem Kosmos. Das bedeutet, Heilung geschieht dann, wenn der Mensch nicht nur in einem sozial guten Umfeld gesund lebt, sondern wenn er im Einklang mit übergeordneten Kräften des Himmels und der Erde ist. Diese Kräfte sollen je nach Kultur mit unterschiedlichen Namen versehen worden sein: z. B. Gott, Großer Geist, Höheres Selbst, kosmische Energie, Prana, Qi/Chi/Ki, Orgon oder auch (universelle) Lebenskraft.

Das Neuartige an der ganzheitlichen Heilkunde ist nicht nur die Einbeziehung unsichtbarer Kräfte, sondern, wie immer wieder betont wird, der Gedanke der Selbstverantwortung. Mit Selbstverantwortung ist jedoch nicht nur ein gesunder Umgang mit Körper und Seele gemeint. Hier könnte ein Mangel tatsächlich zu Krankheiten führen. Selbstverantwortung bezieht sich darauf, das «göttliche» Potential im Menschen von störenden Blockaden zu befreien. Das bedeutet, er muss sich im Falle einer Krankheit auf die Suche nach Störungen und Blockaden machen. Teegen meint, der Mensch müsse lernen, «sich nicht mehr als ‹Opfer›, sondern als Gestalter seines Schicksals»[72] zu erfahren.

Um gerade bei Krankheiten zum Gestalter seines Schicksals zu werden, wird es als notwendig gesehen, die eigenen inneren Heilkräfte zu entdecken. Dass es bei den eigenen inneren Heilkräften nicht nur um eine von Gott gegebene Fähigkeit zur Regenerierung des Körpers geht, zeigt das Fünf-Schritte-Programm zur Erweckung und Nutzung des inneren Heilpotentials der Ärztin Judith Orloff. Zu diesen Schritten gehören u. a.: das energetische Potential des Körpers spüren, um innere Führung bitten und auf die eigene Intuition hören.[73] Die innere Führung soll in den meisten Fällen durch das eigene göttliche Selbst geschehen. Manche Personen erbitten sie auch von einem Geistführer oder von einem Engel.

Die Mentaltrainerin Beumer bietet an, «dem inneren Heiler in uns»[74] durch Atemtechniken, Meditation und kreative Imagination zu begegnen. Diese Erfahrung sei bei Schmerzproblemen oder gesundheitlichen Beeinträchtigungen wertvoll und bewusstseinsbereichernd.

Der Geistheiler Horst Krohne geht in seinen Ausführungen noch weiter. Er meint: «In jedem von uns liegt die Fähigkeit, Leiden auf geistigem Wege zu lindern.»[75] Er wird als einer der erfolgreichsten Geistheiler präsentiert, dem die Verbindung von naturwissenschaftlichen Erkenntnissen und Geistheilung besonders wichtig sei. Durch seine mediale Begabung will er in den Menschen sowohl die Selbstheilungskräfte als auch die persönlichen heilerischen Fähigkeiten aktivieren. Er ist sich jedoch darüber im Klaren, dass seine Heilkraft nicht aus ihm selbst kommt.[76]

Auch Louise L. Hay, eine der bedeutendsten spirituellen Lehrerinnen unserer Zeit im Bereich der ganzheitlichen Gesundheit, ist der Meinung, dass jeder Mensch in sich die Weisheit trägt, die ihn befähigt, seinem Leben die größtmögliche Vollkommenheit zu geben. In ihrem Bestseller *Gesundheit für Körper und Seele* weist sie mit Übungen, Meditationen und Affirmationen[77] den Weg zurück zum eigenen Selbst (zum göttlichen Kern) und zur inneren Balance. Denn – so meint sie – Krankheit sei nichts anderes als der Verlust der inneren Harmonie und des Vertrauens in sich selbst. Wobei sie unter «Vertrauen in sich selbst» versteht: Mir ist alles möglich! Ich bin göttlich!

5.6 Was sagt die Bibel?

Ja, auch in der Bibel ist der Mensch eine Einheit von Körper, Seele und Geist. Das Ziel der Heilsgeschichte für die Menschheit liegt allerdings nicht im Bereich des Kosmos. Denn Himmel und Erde werden vergehen. Auch wenn wir uns mit dem Kosmos verbinden, bleibt uns die Vergänglichkeit nicht erspart. Das in der Bibel beschriebene Ziel liegt in einer Erhaltung des ganzen Menschen (Körper, Seele und Geist, vgl. 1. Thessalonicher 5,23) *für die Ewigkeit.*

Nur wer mit dem Schöpfer des Universums versöhnt ist, hat Anteil an der Ewigkeit. Dabei geht es nicht um die menschliche oder persönliche Vorstellung von Versöhnung oder um seine Gefühle darüber, sondern um die Bedingungen des lebendigen Gottes. Laut der Bibel ist die Menschheit seit dem Sündenfall von Gott getrennt. Darum ist es für den Menschen unmöglich, sich durch die Annahme, selber göttlich zu sein, mit Gott auf eine Stufe zu stellen.

Gottes Versöhnungsangebot ist durch den Glauben an die Tat seines Sohnes Jesus Christus für jeden persönlich zugänglich. Ganzheitlichkeit aus Sicht der Bibel besteht demnach in einem Zusammenkommen von Körper, Seele, Geist und Versöhnung mit Gott. Das bedeutet jedoch nicht, dass der mit Gott versöhnte Mensch auch immer körperlich gesund sein muss. Es schließt aber körperliche Heilung nicht aus. Dies zeigte Jesus durch seine Krankenheilungen ganz klar.

Wie ist es dann mit den anderen von Fritjof Capra erwähnten Punkten, z. B. mit der Förderung des Interesses an paranormalen Phänomenen?

Schon im Alten Testament wurde vor okkulten und paranormalen Phänomenen gewarnt. Laut 5. Mose 18,10ff. praktizierten die Heidenvölker u. a. Wahrsagerei, Zeichendeuterei, Totenbeschwörung etc. Gott beschrieb diese Dinge als ein Gräuel. Das heißt, es war zwar möglich, diese Dinge zu praktizieren, aber Gott wollte nicht, dass sein Volk sich darauf einlässt.

Ebenso finden wir im Neuen Testament Beschreibungen von Menschen, die sich mit Zauberei und Wahrsagerei einließen. Sie wurden aber von den Aposteln zurechtgewiesen, weil es sich bei diesen Praktiken nicht um persönliche oder göttliche Fähigkeiten handelte. Vielmehr wirkten widergöttliche Kräfte aus der unsichtbaren Welt des Kosmos durch diese Personen. Dies bestätigt sich, als der Apostel Paulus bei einer Magd mit hellseherischen «Fähigkeiten» den Geist der Wahrsagerei austreibt, nachdem die Frau ihn viele Tage mit ihren Ausrufen belästigt hat (Apostelgeschichte 16,16–18).

Die Aussagen der Bibel über Spiritualität sind ebenfalls konträr zum New-Age-Verständnis. Sie sprechen nie von einer Einheitserfahrung mit Gott, sondern immer von einer Beziehung zu ihm und dem daraus resultierenden Verhalten.

Auch wenn einzelne Propheten oder Apostel besondere Offenbarungen Gottes erfuhren, steht dabei nie die Erfahrung, sondern immer die Botschaft Gottes an die Menschen im Mittelpunkt. Der Apostel Paulus berichtet z. B. in seinem Brief an die Korinther, von Gott für eine ungewisse Zeit in den dritten Himmel (Paradies) entrückt worden zu sein, wo er unaussprechliche Worte hörte.

Seine wunderbare Erfahrung hatte Folgen, die den Leser zunächst einmal erschrecken. Er sagt: «Und damit ich mich wegen der hohen Offenbarungen nicht überhebe, ist mir gegeben ein Pfahl ins Fleisch ...»[78] Hierin kommt zum Ausdruck, dass Gott Paulus diese

Einsichten nicht gegeben hat, um ihm das fantastische Gefühl einer Einheit zu vermitteln, sondern damit er gelehrt und gestärkt wird für seine zukünftige Aufgabe, nämlich im ganzen Römischen Reich von Jesus Christus zu erzählen. Um ihn in dieser Aufgabe vor Hochmut zu schützen, versieht Gott ihn mit einem «Pfahl im Fleisch».

Menschlich gesehen könnte man sagen: Wie grausam! Ist das die Liebe Gottes? Ja, denn die Folge für Paulus ist nicht nur Demut, sondern auch die Notwendigkeit, in einer engen Beziehung zu Gott bleiben zu müssen und auf seine Hilfe und sein Wirken angewiesen zu sein.

Auch in Bezug auf die Humanistische Psychologie sagt die Botschaft der Bibel über den Menschen Gegenteiliges aus. Es heißt dort, der Mensch sei nicht nur seit dem Sündenfall von Gott getrennt, sondern sogar im Kern böse. Demnach ist das innere Potential, das in der *New-Age-Bewegung* auf das Gute oder Göttliche im Menschen gerichtet ist, gemäß Gottes Wort überhaupt nicht vorhanden. Wenn der Mensch auch bestimmte Fähigkeiten hat – er kann vielleicht ein begabter Musiker sein –, setzt er diese von Natur aus nicht zur Ehre Gottes ein, sondern um sich selber zu verherrlichen und Ruhm oder Lustbefriedigung zu erhalten.

Die Bibel will Jesus Christus als denjenigen zeigen, durch den allein Versöhnung mit Gott möglich ist. Die Angebote der *New-Age-Bewegung* sind auf die Kräfte des Menschen selbst *(dynamis)*, auf deren Wirksamkeit *(energeia)* oder auf Kräfte oder Mächte des Kosmos ausgerichtet. Sie bieten eine Schein-Erlösung an, weil sie an Jesus Christus vorbeigehen oder ihn nur als Kraft *(energeia)* gebrauchen und nicht als persönlichen Gott annehmen.

6. Methoden für den Zugang zu spirituellen Kräften

Es ist nicht schwer zu erkennen, wie die von Fritjof Capra erwähnten Punkte Einfluss auf unsere Gesellschaft genommen haben. Sie haben im Laufe der Jahre dazu beigetragen, dass das biblische Welt-, Menschen- und Gottesbild verdrängt oder zumindest verdreht wurde. Um dieses noch deutlicher zu unterstreichen, wollen wir uns in diesem Kapitel einzelnen Methoden zuwenden, die heute in unserer Gesellschaft sehr populär geworden sind. Sie machen uns aber unterschwellig mit dem fernöstlichen oder esoterischen Welt-, Menschen- und Gottesbild vertraut und führen so eine allmähliche Bewusstseinsänderung herbei. Hauptsächlich werden sie im Gesundheits- und Entspannungsbereich eingesetzt.

6.1 Yoga

Das mystische Verständnis des *Neuen Zeitalters* von Spiritualität, nämlich ein Einheitsgefühl oder eine Verschmelzung mit dem Kosmos, dringt in unsere Gesellschaft u. a. massiv durch Yoga ein. In einem Prospekt für eine Lehrerausbildung für Kundalini-Yoga heißt es: «Yoga als ein Weg, Körper, Geist und Seele in Einklang zu bringen, spielt eine wichtige Rolle beim Übergang zum Wassermann-Zeitalter» *(New Age).* «Es ist weitaus mehr als nur ein Beruf …, Yogalehrer oder Yogalehrerin zu sein. Wir brauchen neue Wege und neue Lebensformen, neue Werte und ein anderes Bewusstsein.»

Wie von den Vertretern des *New Age* und der Esoterik prophezeit, soll dieses Zeitalter ein Zeitalter des Friedens mit *einer* Weltreligion und *einer* Weltregierung werden. Das inzwischen erschienene Magazin «Yoga aktuell» spricht davon, dass Yoga ein Beitrag zum Weltfrieden sein könne. Yoga wird darin nicht nur als eine Bewegungs- und Entspannungsmethode angeboten, sondern als eine starke spirituelle Praxis, welche die Evolution des Bewusstseins fördert und unseren Planeten «aus seiner weltweiten Krise herausführen kann».[79] Ein Artikel trägt z. B. den Titel: «Ökologischer Yoga, Plädoyer für ein öko-yogisches Bewusstsein»[80]. Auch die Börse wird als spirituelles Übungsfeld gesehen. In allen Lebensbereichen soll Yoga zu einem neuen Denken und zu einer höheren Entwicklungsstufe führen können.

Was aber ist Yoga? Yoga ist eine indische philosophische Lehre, die eine Reihe geistiger und körperlicher Übungen umfasst. Dazu gehören z. B. auch Meditation und/oder Askese (Enthaltsamkeit). Der Begriff Yoga kommt aus dem Sanskrit und bedeutet: «Joch», anjochen, zusammenbinden, anspannen, anschirren. Er kann auch als «Vereinigung» oder «Integration» verstanden werden. Gemeint ist die Vereinigung des menschlichen «Selbst» (Atman) mit dem universalen höchsten Sein (Brahman).

Dem gerade erwähnten Kundalini-Yoga (*Kundalini* = Feuerschlange) liegt das Bild einer zusammengerollten Schlange zugrunde, die ihren Sitz im untersten Beckenbereich haben soll. Dieser Bereich symbolisiert in der Kundalini-Lehre die unterste Stufe des menschlichen Bewusstseins.

Für die Entwicklung des Bewusstseins soll es notwendig sein, dass die Schlange aus ihrem Schlaf erwacht und sich aufrichtet. Es wird gesagt, dass entlang der Wirbelsäule ein Energiesystem aus sieben Energie- oder Bewusstseinszentren (Chakren) bis hin zum Scheitel verläuft, das von Blockaden befreit und für den Fluss der Schlangen-Energie geöffnet werden muss.

Es gibt viele verschiedene Formen des Yoga, wie z. B. Hatha-Yoga (Schwerpunkt Körperbeherrschung, Atemschulung), Raja-Yoga (Beherrschung der inneren Kräfte) oder Inana-Yoga (Erkenntnis und Erleuchtung). Einige Formen von Yoga legen ihren Schwerpunkt auf die geistige Konzentration, andere mehr auf körperliche Übungen und Positionen (Asanas), auf Atemübungen (Pranayamas) oder Askese. Das Ziel ist jedoch immer dasselbe, nämlich die Verschmelzung der Seele mit Gott, genauer gesagt: des innergöttlichen Atmans mit dem kosmischen Brahman.

Die philosophischen Grundlagen des Yoga wurden vor allem vom indischen Gelehrten Patanjali (dessen Historizität angezweifelt wird) in einer Lehrschrift *(Yoga-Sutra)* formuliert. Auch hinduistische Schriften wie die *Bhagavad Gita* und die *Upanishaden* informieren über Yoga. Etwa 500 v. Chr. (zur Zeit Buddhas) wurde Yoga zuerst in verschiedenen Gegenden Indiens in Klöstern und religiösen Schulen gelehrt und praktiziert.

Yoga gehört inzwischen wohl zu den populärsten und erfolgversprechendsten Methoden, um – wie viele hier im Westen meinen – Körper, Seele und Geist zur Ruhe zu bringen. Es hat einen der ersten Plätze in unserem Gesundheitsprogramm und wird immer mehr auf den westlichen Praktizierenden ausgerichtet.

Die meisten Menschen in Westeuropa und Nordamerika verstehen unter dem Begriff Yoga nur körperliche Übungen und meinen, diese seien frei von jeder religiösen Absicht. Darum könne man sie auch nur für seine Entspannung oder seine Gesundheit ausüben.

Ein Grund dafür, dass man meint, die Praxis von ihrem religiösen Hintergrund trennen zu können, liegt vielleicht darin, dass unsere Gesellschaft noch von der Aufklärung, dem Rationalismus und dem Christentum geprägt ist.

Die Aufklärung brach mit allem Aberglauben und legte den Verstand als Maßstab aller Dinge fest. Da der Verstand etwas Unsichtbares nicht fassen kann, wurde im Rationalismus die unsichtbare Welt entweder als nicht existent oder als von sich aus nicht wirksam eingeschätzt. Diese Einstellung führt sicherlich heute noch dazu, dass viele Menschen die Existenz von Geistern und Dämonen ablehnen, jedoch, geprägt durch das Christentum, an die Existenz Gottes glauben.

Die Bibel lehrt: «Ohne Glauben ist es unmöglich, Gott zu gefallen; denn wer Gott naht, muss glauben, dass er ist» (vgl. Hebräer 11,6). Aus diesem Grunde meinen nun viele Menschen, wenn sie beim Ausüben von Yoga nicht an die hinduistischen Götter oder an eine Verschmelzung mit dem Göttlichen glauben, bekämen sie auch keinen Zugang dazu.

Im Hinduismus und im Buddhismus steht der Glaube jedoch nicht so zentral wie im Christentum. Zwar glaubt man an Götter, Buddha-Wesenheiten oder an einen transzendenten Erleuchtungszustand. Zugang dazu bekomme man aber nicht in erster Linie durch den Glauben, sondern maßgebend sei die richtige Ausübung bestimmter Praktiken.

Zu diesen Praktiken gehören u. a. Meditationsübungen, vorgeschriebene Rituale sowie yogische Körperübungen. In einer Beschreibung von Ashtanga-Yoga wird Folgendes über seine Wirkung gesagt: «Wenn du die richtigen Bewegungen in der richtigen Ordnung machst, öffnen sich dein Geist und dein Körper automatisch [für die Vereinigung mit dem universellen Brahman].»[81] Swami Sivenanda Radha sagte: «*Asanas* [Körperhaltungen] sind eine Andachtsübung ... jedes Asana schafft einen bestimmten Geisteszustand ... um den Suchenden dem Höheren Selbst näherzubringen.»[82]

Immer mehr Menschen hier im Westen werden durch Yoga auf das spirituelle Gedankengut der Vereinigung mit dem Kosmos ausgerichtet. Und das ist ihnen in den wenigsten Fällen bewusst. Manche glauben, nur Gymnastik oder Rückenschulung zu betreiben. Andere bekommen gesagt, Yoga sei an keine der verschiedenen Religionen gebunden, sondern es ginge nur um eine Möglichkeit der Selbsterkenntnis. Gemäß den Yogis ist dieses Selbst jedoch göttlich. Es wartet darauf, erkannt zu werden. Hin und wieder wird auch behauptet, Yoga sei ein Weg zu Gott. Im Yoga-Unterricht werden die spirituellen Hintergründe oft nicht so deutlich genannt. Doch jedem Lehrer und jeder Lehrerin werden sie in der Ausbildung vermittelt.

Dennoch sind manche Kursleiter davon überzeugt, sie mit der christlichen Lehre verbinden zu können. Sie verwenden sogar Bibelworte zur Entspannung, so dass den Praktizierenden der Eindruck vermittelt wird, es handele sich um den Gott oder die Lehre des Christentums. Auch Jesus wird verstärkt mit einbezogen. Die Ereignisse rund um seine Person werden jedoch nur symbolisch gedeutet. So wird seine Kreuzigung z. B. als Sterbeprozess des Egos gesehen, dem dann die Auferstehung im wahren Lichte des Menschseins (Göttlichkeit) folgen soll. Manche behaupten sogar, durch Yoga die wahre Bedeutung des Sterbens und der Auferstehung zu erfahren.

Wie wir aber bereits erwähnten, handelt es sich beim Ziel des Yoga nicht um eine Begegnung mit dem personalen Schöpfergott der Bibel, sondern um die Verschmelzung mit einer unpersönlichen kosmischen Kraft oder universellen Seele. Wer auf die Namen der verschiedenen Yoga-Haltungen achtet, dem kann der spirituelle Hintergrund nicht entgehen. So gibt es z. B. die «Göttin-Pose», die «Baum-Pose» (Ausdruck der göttlichen Einheit mit der Natur) oder den «Sonnengruß» (Anbetung der Sonne).

Im Yoga ist – ähnlich wie im Mandala-Bild – die Konzentration auf einen Punkt (Bindu) von Bedeutung. Dies soll helfen, den abgelenkten Zustand des Geistes zu bündeln. Das Bedürfnis nach Konzentration ist in unserer hektischen Gesellschaft immer mehr vorhanden. Ein kurzzeitiges Achten auf den Atem kann tatsächlich eine Hilfe gegen Ablenkung sein. Typisch hinduistisch wird es aber, wenn man sich auf das sogenannte dritte Auge (Punkt zwischen beiden Augen in der Stirn), die Nase oder ein Mantra («heilige» Formel) konzentrieren soll. Bei Letzterem sollen die Schwingungen des Klanges, z. B. der «heiligen» Silbe *Om,* den Praktizierenden in neue Bewusstseinsebenen versetzen und so dazu beitragen, seinen göttlichen Ursprung kennenzulernen.

Um das spirituelle hinduistische Gedankengut im Westen einzuführen, wurde Paramahansa Yogananda von seinem spirituellen Meister Sri Babaji nach Amerika gesandt. Sri Babaji behauptete, ihm sei Jesus erschienen und jener habe ihn beauftragt, diese «Lehre der Gottesverwirklichung» in den Westen zu senden. Yogananda versuchte dann die Lehre des Hinduismus mit der christlichen Lehre zu vermischen, indem er die Bibel von seinem hinduistischen Hintergrund her auslegte. Er wollte beweisen, dass sie mit der von Krishna in Indien verbreiteten Yoga-Lehre übereinstimmte.

Eine prophetische Aussage des Meisters Sri Babaji lässt nicht nur den spirituellen Hintergrund von Yoga deutlich werden, sondern enthält auch eine klare missionarische Ausrichtung: «Kriya-Yoga, die wissenschaftliche Technik der **Gottesverwirklichung**, wird sich schließlich über die ganze Erde verbreiten …»[83]

Damit das geschieht, muss bereits bei kleinen Kindern begonnen werden. So gibt es z. B. ein *«Lies Mal»*-Buch. Bereits auf der Vorderseite wird über den Inhalt Folgendes gesagt:

«Lies – Geschichten, die Weisheiten vermitteln, Mal – Illustrationen können angemalt werden (Körperhaltungen des Yoga), Yoga – an Jahreszeiten orientiert».

Dieses Programm lehrt Kinder, Yoga als Grundlage dieser Welt zu sehen (hinduistische Weisheiten, Körperhaltungen und die Vereinigung mit der Natur). Natürlich sollten auch praktische Übungen nicht fehlen.

Gemäß Aussagen von Yogalehrern sollen regelmäßige Yogapraktiken folgende Auswirkungen haben:

1. Psychische Veränderungsprozesse und eine Verbindung mit dem eigenen höchsten Selbst.

2. Neues Bewusstsein: Der Mensch sei göttlich und könne sich und die Welt heilen und erlösen.
3. Körperaustritte.
4. Levitation (Schweben).
5. Das Wahrnehmen feinstofflicher Energien, bis hin zu Begegnungen mit der unsichtbaren Welt des Kosmos.
6. Zunahme sexueller Lustgefühle.

All diese Auswirkungen sollen Ausdruck und Zeichen der göttlichen Kräfte im Menschen sein und das *Neue Zeitalter* charakterisieren. Uns lassen sie allerdings erschaudern, wenn wir sehen, dass bereits Kinder auf das Erfahren dieser Phänomene mit dem darin enthaltenen Gottesbild ausgerichtet werden.

6.2 Mandala

In einem Mandala sind Formen symmetrisch um den Mittelpunkt herum angeordnet. Dieser Mittelpunkt wird – wie bereits erwähnt – im Hinduismus (Sanskrit) «Bindu» genannt. Er steht für: «das ‹Eine›, das ‹Ganze› oder ‹Vollständige›, den Weltenkeim, den Ursprungs- und Zeitpunkt aller kosmischen Prozesse. In ihm ist der Ort des Absoluten, der Ort der Leere und zugleich Urschoß des Universums … die Heimat der Welt, die Mitte des Selbst inmitten der Gottheit.»[84]

Die hier erwähnten Begriffe finden wir u. a. im Hinduismus und im Buddhismus. Im Hinduismus soll der Mensch sich mit dem Urschoß oder Urgrund, genannt Brahman, verschmelzen. Im Buddhismus wird Buddha auch als Urschoß bezeichnet. Buddha ist ein Zustand der Leere oder des Absoluten, in dem die Person sich auflöst. Die Person verschwindet in Buddha wie ein Tropfen Wasser im Meer.

Das Mandala wird im tibetischen Buddhismus als ein kosmisches Reich oder ein kosmischer Palast gesehen, in dessen Mittelpunkt sich eine der verschiedenen Buddha-Formen befindet. Der Kontakt zu den unterschiedlichen Buddha-Wesenheiten soll durch den Mittelpunkt stattfinden. Dieses Prinzip gilt auch für den Hinduismus. Im Mandala-Buch des deutschen Autorenehepaars Maschwitz heißt es ganz deutlich: «In allen Religionen ist das Mandala ein Abbild des Göttlichen».[85]

Hier im Westen ist man der Meinung, dass sich im Mittelpunkt das Selbst befindet. Dieses Selbst ist nach Meinung C. G. Jungs allerdings das *«Höhere Selbst»*, also eine Art göttliches Selbst.

An dieser Stelle möchten wir nochmals das Ehepaar Maschwitz zitieren, welches betont: «Mandalas haben einen geistlichen Hintergrund und eine geistliche Wirkung: Sie wollen zur Mitte des Lebens (göttlicher Urgrund) führen. Das Mandala ist also Wegweiser und gleichzeitig ein Weg (zum göttlichen Urgrund).»[86]

Beim Malen von Mandalas werden die Ausübenden angeleitet, sich auf den Mittelpunkt zu konzentrieren, d. h. sie sollen zum Mittelpunkt hin oder von ihm weg malen. «Bindu» (Mittelpunkt) bedeutet übersetzt: «die Bündelung der geistigen Konzentration auf die kleinstmögliche Einheit, einen Punkt, um dann durch eine Explosionserfahrung in eine neue Bewusstseinsebene zu gelangen».

Von manchen Autoren deutscher Mandala-Bücher wurde beobachtet, dass ein intensives Befassen bis hin zur Identifikation mit Mandalas zu einem Prozess führt, in dem nicht nur der Malende aktiv wird, sondern das Mandala von sich aus zu wirken beginnt.

Wir entdecken hier das gleiche Phänomen, wie es Ferguson und Rowling beschrieben. Einerseits wird vom Mandala als Form oder Bild gesprochen, andererseits auch so, als hätte es ein Eigenleben, als gebe es ein «Es» oder ein «Etwas» mit Persönlichkeit, das von sich aus aktiv wird. So heißt es z. B.: «Mandalas weisen den Weg. Sie schaffen Zugang zu Gefühlen …, sie befreien den Geist von Ängsten und setzen seelische Heilungsprozesse in Gang.»[87]

Der Autor Bruno Dörig schreibt sogar, wie er beim Malen den starken «Sog der Mandalagestalt» spürt und sich dann «der heilenden Mandalaform» übergibt. Zu Beginn des Malens entdeckte er seine widersprüchlichen Kräfte und Tendenzen, aber allmählich, so sagt er, «kann ich mich langsam auf die sammelnde Wirkung des Mandalas einlassen. … Ganz langsam und schrittweise kann ich mich der versöhnenden und sinnstiftenden Wirkung des Mandalas überlassen.»[88]

Es ist unschwer zu erkennen, dass Dörig sich beim Malen eines Mandalas auf eine Beziehung mit ihm einlässt und es hier nicht mehr nur um ein Bild oder eine Methode geht. Das Ergebnis seines Mandala-Malens ist die freudige Erkenntnis, sich auf dem Weg zum Eins-Sein zu befinden.

Pädagogen und Lehrpersonen beobachten immer wieder, wie Kinder eine Faszination für Mandalas entwickeln und während dieser Zeit zur Ruhe kommen. Gerade in dieser Ruhe kann für offene oder bereits durch die Eltern okkult belastete Kinder ein Kontakt zur unsichtbaren Welt stattfinden, was Ängste oder Alpträume hervorrufen kann. Selbst wenn sich zunächst überhaupt keine Besonderheiten in ihrem Verhalten zeigen, kann ihre Faszination für das Übersinnliche unbewusst geweckt oder ein Tor für weitere okkulte Bereiche geöffnet werden.

Das Befassen mit den klaren Strukturen und einer Zielvorgabe (Mittelpunkt), wie es bei den Mandala-Formen gegeben ist, können sowohl Kindern als auch Erwachsenen in unserer immer orientierungsloseren und immer stärker reizüberfluteten Gesellschaft zunächst eine gewisse Ruhe geben. Die Erfahrung hat jedoch gelehrt, dass bei regelmäßiger Anwendung und der daraus entstehenden Faszination die Trennung zwischen einer Methode, die zur Ruhe bringen soll, und einer spirituellen Methode, die in den Wirkungsbereich einer unsichtbaren Kraft führt, immer mehr aufgehoben wird.

Wenn Döring als Erwachsener, fasziniert durch die Wirkung von Mandalas, den «Sog der Mandalagestalt» spürt und sich der Wirkung überlässt, wie viel mehr kann dies dann bei Kindern geschehen?!

Auch wenn die Motive für Kindermandalas nicht spirituell aussehen, sondern auf ihre Welt zugeschnitten sind, werden die Kinder doch mit dem Prinzip des Mittelpunkts, der Form und dem Begriff vertraut gemacht. So dass sie im späteren Alter den Umgang mit spirituellen Abbildungen von Mandalas ganz normal finden. Somit ist in unserer Gesellschaft eine östliche spirituelle Praxis eingeführt worden, die darauf ausgerichtet ist, mit den dazugehörigen unsichtbaren Wesen in Kontakt zu treten oder sie sogar hier wirksam werden zu lassen.

Nun gibt es immer wieder Christen, die meinen, durch ein christliches Symbol im Mittelpunkt das Mandala für ihre Zwecke gebrauchen zu können. Entweder haben sie die spirituelle Absicht eines Mandalas nicht erkannt, oder sie meinen, durch das Malen zur Ruhe und damit näher zu Gott zu kommen. Jesus fordert uns jedoch nicht auf, erst ruhig werden zu müssen, um seine Nähe zu erleben. Sein Weg ist andersherum. Er ruft: «Kommet her zu mir, alle ihr Mühseligen und Beladenen. Und **ich werde euch Ruhe geben**!» (Matthäus

11,28). Die Bibel sagt uns, dass der Weg zu Gott nicht über ein Bild geht, sondern nur über eine persönliche Beziehung zu Jesus Christus. Das bedeutet, wir müssen die Realität von Jesu Tod und Auferstehung als für uns geschehen annehmen.

Da eines der Ziele für des *Neue Zeitalter* – die Vermischung aller Religionen – zu einer Art Weltreligion führen soll, tragen wir als Christen dazu bei, wenn wir meinen, eine fernöstliche spirituelle Praktik übernehmen zu können, indem wir sie durch ein christliches Symbol wie das Kreuz umfunktionieren.

Erstens sind wir hier zu blauäugig in Bezug auf die unsichtbare Welt dieser Religionen; denn die Methode, mittels Mandalas zur Ruhe zu kommen, führt laut dem buddhistischen und hinduistischen Verständnis zum Kontakt mit Geistwesen.

Zweitens solle die versprochene Ruhe laut dem westlich-humanistischen Anspruch durch Kontakt zu einem vermeintlich guten Kern in einem Selbst zustande kommen. Diesen guten Kern gibt es gemäß der Bibel aber nicht.

Wie bereits erwähnt, geht der Psychologe C. G. Jung noch weit über diesen Standpunkt hinaus, indem er den Mittelpunkt als den Zugang zum «Höheren göttlichen Selbst» sieht.

Drittens entsteht der Eindruck, die Religionen würden sich nur durch ihre Symbole unterscheiden, das Ziel wäre jedoch im Wesentlichen das gleiche.

Viertens machen wir uns und unsere Kinder mit einer religiösen Praktik vertraut, die einen Schöpfergott ablehnt und stattdessen Menschen bewusst in ein Einheitsgefühl mit dem Kosmos führen will.

6.3 Fantasiereisen (Visualisieren)

Eine Möglichkeit der Bewusstseinserweiterung, Selbsterkenntnis und der Entspannung soll in der Methode der Fantasiereise liegen. Diese Methode umfasst die Bereiche Meditation, Visualisierung, Imagination, Trance und Sensibilisierung. Viele Therapeuten benutzen sie, um ihren Klienten zu helfen, Verborgenes oder Verdrängtes wieder ans Licht kommen zu lassen oder sich selbst mit guten und schlechten Seiten kennen und annehmen zu lernen.

Eine Fantasiereise beginnt immer mit einer geleiteten Entspannung. Hierbei wird die Aufmerksamkeit auf den Atem und den Körper gelenkt. Die einzelnen Körperteile sollen wahrgenommen werden und sich entspannen. Dies soll helfen, sich auf sich selbst zu konzentrieren und Vertrauen zu sich selbst zu bekommen. Danach richtet sich die Aufmerksamkeit vielleicht auf Geräusche von außen, wodurch ein Vertrauen zur Umgebung und auch zu der Person, die die Reise leitet, aufgebaut werden soll.

Danach beginnt der eigentliche Teil der Reise. Die Teilnehmer werden aufgefordert, innerlich den Raum, in dem sie sich befinden, durch eine Tür, einen Tunnel oder Ähnliches zu verlassen.

Hat die leitende Person das Ziel, den Teilnehmern Kraft und Energie zukommen zu lassen, werden sie zu Wiesen, Bäumen, Meeresstränden usw. geleitet. Alles soll genau vor ihrem inneren Auge erscheinen. Aber auch Sinne werden angesprochen. So soll man z. B. das Gras riechen, die Bäume betasten und genau auf die Gefühle achten. Dies vermittelt den Anschein eines tatsächlichen realen Erlebens. Je geübter die Praktizierenden sind, umso mehr haben sie den Eindruck, statt in der Fantasie in einer anderen Welt zu sein.

Mit Hilfe von Bildern, Worten oder Atmung werden sie dann aufgefordert, die notwendige Energie, die göttliche Kraft oder anderes aus ihrer Umgebung in sich aufzunehmen.

Hat die leitende Person das Ziel, die Ursachen von Krankheiten zu entdecken und die Selbstheilungskräfte zu aktivieren, werden die Teilnehmer in ihr Innerstes geführt, z. B. in reale Körperteile wie Herz, Bauch, Kopf, Nacken usw. Die Teilnehmer sollen sich in das jeweilige Körperteil hineinversetzen, sich mit ihm identifizieren, indem sie z. B. sagen: *«Ich bin Bauch.»* Der Bauch wird nun nicht mehr als ein Teil des Körpers gesehen, der auf Situationen oder Signale des Gehirns reagiert, sondern er bekommt sozusagen ein eigenes Bewusstsein. Dieses soll in der Lage sein, eigenständig zu fühlen, zu denken und zu antworten und somit die Ursache der Krankheit preiszugeben.

Bei seelischen Konflikten, deren Ursache nicht eindeutig zu erkennen ist, kann die Reise, in Form von inneren Bildern, z. B. in einen Keller mit geheimen Türen führen. Dann wird vorgeschlagen, eine dieser Türen zu öffnen. Gegenstände oder Personen, die sich in dem dahinter liegenden Raum befinden, sollen Aufschluss darüber geben, was noch im Verborgenen liegt.

Die auftretenden Bilder müssen durchaus nicht immer positiv sein. In vielen Fällen können sie sogar sehr beängstigend sein. Es kann sich um bedrohliche Situationen handeln (z. B. Missbrauch, Vergewaltigung), Alpträume oder Begegnungen mit Horrorwesen. Da diese Bilder als Realität angesehen werden, können sie für die jeweilige Person sehr belastend sein und sogar zur Psychose führen. Sie können aber auch für die Angehörigen schwerwiegende Folgen haben.

Vor einiger Zeit bat uns ein Ehepaar um ein Gespräch. Sie waren ganz aufgebracht, denn ihre Tochter, die sich wegen psychischer Probleme in einer Klinik befand, hatte ihnen in einem Brief mitgeteilt, sie habe während ihrer therapeutischen Behandlung herausgefunden, dass ihr Vater sie als kleines Mädchen mehrfach sexuell missbraucht habe. Auf Anraten der Therapeutin wollte sie nur unter der Bedingung mit den Eltern reden, dass der Vater seine Tat zugab und sie reumütig um Vergebung bitte.

Der Vater stritt die Tat jedoch ab und meinte, er könne nicht eine Sache bekennen, die er nicht begangen habe. Auch seine Frau hielt ihn für unschuldig. In seiner Not unterzog er sich einem Test durch einen Lügendetektor. Der Test bezeugte seine Unschuld. Für die Tochter war aber die Erinnerung, die anhand einer Fantasiereise ans Licht gekommen zu sein schien, so real, dass sie jeden Kontakt mit den Eltern ablehnte.

Wir wissen, dass es sich bei dieser Geschichte um ein heikles Thema handelt, und möchten uns kein Urteil darüber erlauben. Wohl aber möchten wir darauf hinweisen, dass Menschen in einer Fantasiereise Bilder sehen können, die nicht der Wahrheit entsprechen.

Die Bibel spricht z. B. davon, dass es drei Quellen der Gedanken gibt:

- Erstens aus Gott,
- zweitens aus uns selbst und
- drittens aus Satan.[89]

Letztere Variante soll im *Neuen Zeitalter* überhaupt nicht mehr in Erwägung gezogen werden.

Da jedoch der Ursprung des Visualisierens in der Magie und dem Schamanismus liegt und ganz klar auf den Kontakt mit der unsichtbaren Welt zielt, ist ein Einfluss über Bilder und Gedanken sehr leicht möglich.

Je realer die Reise für die jeweilige Person ist, umso erschreckender und eingreifender die Bilder. Nicht nur die Praktizierenden gehen von einem tatsächlichen Erleben aus, sondern auch Psychologen und Therapeuten. Schon C. G. Jung betrachtete diese Bilder als Botschafter eines *innewohnenden geheimen Wissens.* Er vertrat die Meinung, es handele sich um archetypisches Wissen aus dem Bereich des kollektiven Unbewussten.

Da jedoch die Gefahr besteht, «aus den induzierten Traum- oder Wahnwelten nicht oder nicht mehr vollständig in die Realität zurückzufinden»[90], ist ein bewusstes Zurückführen unbedingt notwendig.

Dies bedeutet, die geleitete Person wird aufgefordert, auf demselben Weg zurückzugehen, auf dem sie gekommen ist, sich dann von dem Erlebten zu verabschieden und sich selbst und den Raum, in dem sie sich tatsächlich befindet, wieder bewusst wahrzunehmen. Damit wird klar, dass man aus einem passiven, fast hypnotischen, tranceähnlichen Zustand herausgeholt werden muss.

Wo Fantasiereisen zu einem Mittel werden, inneres geheimes Wissen zu entdecken, entwickelt sich ganz allmählich eine Faszination über die eigenen Möglichkeiten und eine immer größere Offenheit für Erfahrungen, die über das bisher Gekannte hinausgehen. So sollen Fantasiereisen nicht nur Zugang zu verdrängtem Wissen bieten, sondern auch zu dem Wissen, was z. B. noch in der Zukunft liegt.

Während Elkes vierjähriger Ausbildung zur Gestalttherapeutin wurde sie im Laufe der Zeit durch diese Methode – unter dem Gedanken der Selbsterfahrung – immer tiefer in das neue spirituelle Denken und Erleben eingeführt.

Elke:

Wie schon so häufig in der Zeit meiner Ausbildung lag ich entspannt mit den anderen Teilnehmern auf dem Boden. Die vertrauenerweckende Stimme des Therapeuten leitete unsere Gedanken und richtete unsere Aufmerksamkeit zuerst auf unser Körpergefühl, unseren Atem und auf unseren Herzschlag. Anschließend sollten wir auf Geräusche im Raum, dann aber auch außerhalb des Raumes hören. Es tat gut, das alles nacheinander wahrzunehmen, was man im Alltagsgetriebe als ein Knäuel von Erfahrungen kaum noch registriert. Fantasiereisen schienen mir immer wieder die Möglichkeit zu geben, mich körperlich und seelisch aufzubauen. In inneren Bildern hatte ich mir z. B. vorgestellt, mir Kraft aus der Erde, aus Bäumen oder den wärmenden Sonnenstrahlen zu holen.

Diesmal schien es jedoch etwas anderes zu sein. Der Weg führte zwar zu einem Baum, wir wurden aber aufgefordert, uns vorzustellen, wir wären selber dieser Baum. Nun sollten wir uns genau seinen Stamm, seine Krone, die Blätter und die Wurzeln ansehen und uns damit identifizieren. Bei meinem Baum schienen Wurzeln, Stamm und Krone harmonisch miteinander gewachsen zu sein. Die Krone war geschmückt mit allerlei Schutzzeichen und spirituellen Symbolen, was mir gut gefiel. Nach einer Zeit des Betrachtens wurden wir angeleitet, ein paar Jahre zurückzugehen und das Bild unseres Baumes aus der damaligen Zeit in uns aufkommen zu lassen.

Erfreut stellte ich fest, dass mein Baum in der Zwischenzeit viel kräftiger geworden war. Also hatte ich mich positiv verändert.

Wieder ging die Reise weiter. Nun wurden wir aufgefordert, in Gedanken ein paar Jahre vorauszuwandern, um dann das Bild eines Baumes unserer Zukunft vor unserem inneren Auge erscheinen zu lassen. Erstaunt sah ich nicht nur das enorme Wachstum, sondern stellte fest, dass alle spirituellen Symbole, die mir zurzeit noch so viel bedeuteten, aus seiner Krone verschwunden waren. Was würde in der Zukunft geschehen, dass ich in der Lage wäre, alle meine Kraft- und Schutzzeichen aufzugeben?

Unsere inneren Bilder wurden in Zeichnungen festgehalten. Als wir sie gegenüber der Gruppe erklärten, zweifelte ich keine Sekunde daran, dass sie der Wahrheit entsprachen.

Vielleicht geht es Ihnen, liebe Leserin, lieber Leser, jetzt genauso wie Elke damals, indem Sie denken: «Was ist schlecht daran, sich vorzustellen, ein Baum zu sein, wenn es hilft, etwas über sich selbst zu erfahren?» Oder vielleicht denken Sie sogar: «Das möchte ich auch einmal erleben!» Womit bereits ein klein wenig Offenheit und Faszination vorhanden wäre.

In den folgenden Punkten möchten wir deutlich machen, dass es hier nicht nur um ein wenig Ruhe, Fantasie und Selbsterkenntnis geht, sondern vielmehr um die geschickte Vermittlung eines fernöstlichen und esoterischen Menschen-, Gottes- und Weltbildes sowie um eine Öffnung für übernatürliche Kräfte.

1. In Fantasiereisen wird der Eindruck vermittelt, dass es möglich sei, sich **durch eigene Vorstellung eine Welt zu schaffen**, die Ruhe und Kraft bzw. Energie geben könne. In diesem Schaffen der eigenen Welt liegt a) der Gedanke: Ich bin göttlich, mir ist alles möglich, und b) das buddhistische und hinduistische Weltbild, das sagt, diese Welt sei nur Illusion und ein Produkt unserer eigenen Gedanken.
2. Dieses Denken bringt die Vorstellung mit sich, es läge in der Macht des Menschen, sich (kraft der Gedanken und der Fantasie) z. B. der Kräfte der Natur zu bedienen und aus ihr Energien oder verborgenes Wissen herauszuholen. Er müsse sich vor seinem inneren Auge einfach nur vorstellen, wie die Kräfte durch den Körper hindurchfließen.
3. Es handelt sich um Vorstellungen und Methoden der **Magie**. In der Magie will der Mensch durch bestimmte Worte, Visualisierungen, Rituale und Handlungen die sichtbare und die unsichtbare Welt manipulieren. In den westlichen Ländern legte die Bewegung des «positiven Denkens»[91] den Grundstein zu diesen Methoden. Vielleicht sollten sie zu Beginn nur eine Hilfe sein, um negative Gedankenmuster zu verändern. Im Verlauf der Jahre entwickelte sich daraus jedoch eine magische Praktik und der esoterische Gedanke: Mir ist alles möglich.
4. In der gerade beschriebenen Fantasiereise wurde Elke unbewusst vermittelt, sie hätte nicht nur ein Wissen über ihre Gegenwart und Vergangenheit, sondern sogar über ihre Zukunft (göttliches Potential, hellseherische Fähigkeiten). Diese Gedanken bekamen einen Wahrheitsanspruch, indem sie aufgefordert wurde, ihre inneren Bilder zu Papier zu bringen und sie zu erklären. Zusammen mit anderen spirituellen Übungen entwickelte sich bei ihr tatsächlich eine Hellsichtigkeit, auf die sie stolz war. Heute sieht sie diese nicht mehr als eine besondere Fähigkeit, sondern als eine Offenheit für Botschaften, Bilder und Gedanken aus der unsichtbaren Welt.

Wenn wir in unseren Seminaren über die möglichen Auswirkungen von Fantasiereisen sprechen, werden wir immer wieder gefragt, ob es falsch sei, sich in der Fantasie etwas vorzustellen. Gott hätte uns doch die Fantasie gegeben! Dem können wir nur zustimmen. Ja, Gott hat uns Fantasie gegeben, und wir dürfen sie auch benutzen. Kinder oder Erwachsene können sich ohne Bedenken bestimmte Ereignisse, Landschaften usw. vorstellen.

Beim Lesen von Geschichten oder Romanen malen wir uns automatisch bestimmte Bilder aus. Sie entspringen der eigenen Fantasie oder basieren auf Erfahrungen. Es muss jedoch eine deutliche **Unterscheidung** zwischen der **Wirklichkeit** und der **Fantasie** vorhanden sein. Dies ist bei einer geleiteten Meditation, in der die Seele sich für Erlebnisse in einer anderen Welt öffnet, nicht der Fall; denn hier wird der Eindruck vermittelt, die Erfahrungen während dieser Meditation seien **Realität**.

In den Fantasiereisen, die nach dem bereits geschilderten Muster ablaufen, hat die eigene Fantasie kaum einen Spielraum. Bilder und Gefühle werden vom Begleiter **suggeriert**. In diesem Falle ist der Begriff *Fantasiereise* irreführend; denn es handelt sich im eigentlichen Sinne um Suggestion. Ganz abgesehen davon, dass das Ergebnis dieser Reise (z. B. das Empfangen von Kraft aus der Erde) nicht als Fantasie, sondern als **Wirklichkeit** gesehen wird.

Mittlerweile werden Fantasiereisen in Kindergärten, in Schulen, im Freizeitsport, im Managementtraining, in der Schwangerschaftsberatung und in Kurkliniken durchgeführt. Meistens soll das Ziel Ruhe und Entspannung sein, zu sich selbst zu finden und zu neuen Kräften zu kommen.

Wir weisen aber nochmals darauf hin, dass die Techniken des Visualisierens aus der Magie und dem Schamanismus stammen, deren Ziel es ist, in unsichtbare Welten zu führen. Darum kann (ähnlich wie im Yoga) die Wirkung anders verlaufen als das Ziel, das wir selbst dabei anstreben.

Wenn Teilnehmer allein der Anweisung folgen, sich in der Fantasie Energie aus einem Baum zu holen, und diese sogar noch spüren, sind sie dabei, magisches esoterisches Gedankengut anzunehmen.

Seit einigen Jahren gebrauchen immer mehr Therapeuten und Lebensberater Fantasiereisen oder Trancen für eine sogenannte «Rückführung in vorherige Leben». Sie transportieren damit das fernöstliche Gedankengut der Reinkarnation und versprechen, Probleme zu erkennen und zu lösen, deren Ursachen sich nicht erklären lassen.

Auch Elke meinte verschiedene Male, Ereignisse aus früheren Leben vor ihrem inneren Auge zu sehen. Weil diese Bilder so lebendig und so echt wirkten und die Therapeuten sie auch als die Person befragten, als die sie sich zu erkennen glaubte, hatte sie, nachdem sie Christin geworden war, lange Zeit Mühe, der Aussage der Bibel, dass der Mensch nur einmal stirbt, zu glauben.

Ein weiterer Schritt ist die Form der Fantasiereise, in der Menschen mit ihrem persönlichen Geistführer oder Engel in Kontakt gebracht werden.

Ähnlich wie bei den vorhergehenden Praktiken ist in der Entwicklung des Visualisierens eine deutliche Steigerung zu entdecken. Sie geht von dem Wunsch, zur Ruhe zu kommen oder etwas Gutes für sich und andere zu tun, über den Weg in das Innere, sogenannte Verborgene oder «Göttliche» des Menschen, in eine spirituelle Dimension und führt bis hin zum Kontakt mit der unsichtbaren Welt.

Neben dieser Entwicklung können Fantasiereisen bei regelmäßiger Anwendung und bei einer Offenheit für das Okkulte (auch durch Hinzunahme anderer spiritueller Methoden wie das Malen von Mandalas oder Qi Gong) in Ausnahmefällen dazu führen, dass Kinder oder Erwachsene eines Tages Anweisungen durch eine Stimme bekommen und ihr folgen, ohne in der bewussten Situation einer Fantasiereise zu sein. Sie haben gelernt, sich vertrauensvoll leiten zu lassen.

Ganz davon abgesehen, dass Fantasiereisen zu den Grundtechniken der Schamanen und Zauberer für das Erlernen außerkörperlicher Seelenreisen gehören.

Elke:

Wie oft hatte ich schon am Ende einer jeden Reise die Worte gehört: «Und jetzt kommst du wieder zurück in diesen Raum und in deinen Körper.» Ich war so davon überzeugt, nur in Gedanken zu reisen, dass ich diesen letzten Satz in seiner letztendlichen Bedeutung gar nicht wahrnahm. Erst viel später entdeckte ich, dass ich nicht nur gelernt hatte, einen Blick in meine Vergangenheit und Zukunft zu werfen, sondern ich hatte auch gelernt, meine Seele für einen Ausstieg aus meinem Körper bereit zu machen.

Während eines Gesprächs mit meinem Therapeuten hatte ich plötzlich den Eindruck, mein Scheitel wäre geöffnet und ich würde – ähnlich wie ein Flaschengeist im Film – riesengroß. Es gab keine Begrenzung durch die Zimmerdecke, und ich hörte die Stimme des Therapeuten nur noch aus weiter Ferne. Nach einiger Zeit – ich wusste nicht wodurch – fühlte sich alles wieder nor-

mal an. Mein Gesprächspartner merkte nichts von dem Geschehen. Im Verlauf der nächsten Jahre trat dieses Phänomen häufiger auf.

Ich kann nicht behaupten, dass ich meinen Körper völlig verließ, doch das gerade beschriebene Erlebnis weist zumindest auf eine Bereitschaft oder auf einen Beginn eines Ausstiegs hin. Diese Erfahrung war für mich keineswegs beängstigend. Auch wenn ich selber solch einen Zustand nie angestrebt hatte, wusste ich doch, dass Esoteriker im Allgemeinen nach «Out of Body»-Erfahrungen verlangen.

Das von Capra formulierte Ziel der *New-Age-Bewegung*, in der Gesellschaft das Interesse für okkulte und paranormale Phänomene zu wecken, findet in der allgemeinen Anwendung von Fantasiereisen ein verführerisches Betätigungsfeld. Wie selbstverständlich gehen mittlerweile auch Christen davon aus, es gebe ein verborgenes (All-)Wissen im Menschen. Man könne durch Visualisieren oder Imagination innere Kraftquellen und verborgenes Wissen erschließen, Heilungen bewirken oder die eigenen Lebensumstände so verändern, wie man es sich wünscht. Esoteriker setzen sie als eines der wichtigsten Mittel zur Transformation dieser Welt, zur Einsicht in die Verbundenheit allen Seins und zur Erkenntnis der innewohnenden göttlichen Quelle ein. Außerdem werden sie von ihnen als eine Möglichkeit der Kommunikation mit Geistern, Mächten und Kräften der unsichtbaren Welt gebraucht.

6.4 Engel als Kraftquelle

Eine Hilfe auf dem Weg zur spirituellen Vollkommenheit wird den Menschen unserer Zeit verstärkt durch den Kontakt mit Engeln angeboten. Sie werden als eine Quelle der Kraft und der spirituellen Leitung gesehen. Als Autoren fragen wir uns, ob der *Geist des Neuen Zeitalters* – wie Ferguson ihn nennt – damit der Sehnsucht der Menschen nach einem personhaften übernatürlichen Wesen entgegenkommt?

Esoteriker fordern auf, den Kontakt zu Engeln bewusst zu suchen, denn sie könnten als lichtvolle Unterstützer der Menschheit helfen. In der inhaltlichen Zusammenfassung des Buches *Mit den Engeln gehen* ist Folgendes zu lesen: «Mit den Engeln entdecken wir den göttlichen Bereich in uns. Dabei lernen wir in einer Art spiritueller Therapie, nicht nur auf die Erscheinung der Engel und ihre Hilfe zu warten; wir können sie herbeirufen, uns auf die Begegnung mit dem eigenen Engel vorbereiten.»[92] Der Autor ist der Meinung, Engel würden nicht nur in Träumen oder besonderen Situationen erscheinen, sondern seien auch «so etwas wie ein spirituelles Symbol im Selbst»[93]. Er nennt sie auch «Höhere Geschwister»[94].

Zunehmend mehr Menschen wünschen sich nicht nur aus spirituellen Gründen eine Verbindung zu Engeln, sondern auch, um Heilung oder einfach nur Hilfe im Alltag zu erfahren. Hilfe könne man sich über eine sogenannte *Engel-Börse* im Internet holen. Es soll dort die Möglichkeit bestehen, Kontakt mit «Engeln» oder mit Personen zu bekommen, die sich als Kanal für «Engelwesen» ausgeben.

Allgemein bekannt wurde die Kraft der Engel durch das *New-Age-Zentrum* Findhorn. Es entstand im Jahre 1962 in einer rauen Küstenlandschaft im Norden Schottlands. Besucher stellten staunend fest, dass in dem bis dahin unfruchtbaren Gebiet ein außergewöhnliches Wachstum von Gemüse zu verzeichnen war. Der Grund dafür sollte in der Wirkung von Engeln liegen, die jeweils für unterschiedliche Gemüsesorten zuständig waren und bei der Pflanzung angerufen wurden, wie der Engel des Kohls, des Salates, der Rüben usw.

In Findhorn wurden Engel nicht nur für ein äußerliches Wachstum zu Hilfe gerufen, sondern auch für das innere Wachstum. Teilnehmer der Gemeinschaft konnten sich jeden Tag durch das Ziehen eines Engelkärtchens inspirieren oder führen lassen. Die Begriffe auf den Kärtchen wie Barmherzigkeit, Liebe, Freude, Gnade, Erkenntnis, Trauer oder Wut ließen sie wissen, welcher Engel ihr Tagesbegleiter war und worauf sie ihre Aufmerksamkeit an diesem Tag lenken sollten.

In Buchhandlungen werden inzwischen neben Kärtchen dieser Art zahlreiche esoterische Engelliteratur und Engel-Kalender angeboten. Ein Engel-Kalender hat eine ähnliche Funktion wie ein Engel-Kärtchen. Der jeweilige Engel des Tages gibt eine Botschaft an die Leser über die soeben genannten Begriffe. Es wird immer wieder betont, man solle sich dem Engel ganz hingeben oder seiner Führung vollkommen vertrauen. So wie bei folgendem Text: «Vertrauen Sie sich heute dem Engel des Lichts an, der Ihnen hilft ...»[95]

Eine Aufforderung des «Engels der Erkenntnis» lautet folgendermaßen: «Um Dein spirituelles Selbst (göttliches Selbst) und Deine Aufgabe auf der Erde verstehen zu können, musst Du zuerst einmal Deine eigene Persönlichkeit erkennen. Bitte den Engel, Dir zu helfen.»[96]

Dem Leser wird zum einen der esoterische Gedanke vermittelt, der Mensch habe ein spirituelles (göttliches) Selbst. Zum andern wird er aufgefordert, mit dem jeweiligen Engel zu sprechen und ihn um Hilfe zu bitten.

Inzwischen gibt es sogar in christlichen Kreisen die Aufforderung, auf die Stimmen von Engeln zu hören. Der Benediktiner-Mönch Anselm Grün empfiehlt dies in seinem Buch *50 Engel für das Jahr.* Er sieht den Umgang mit Engeln als «spirituelles Geschenk, das die Herzen verwandelt. Es kann etwas in Bewegung geraten und aufblühen im eigenen Leben, wenn wir uns öffnen und auf ihre Stimmen hören».[97]

Melanie:

Melanie war erst sechs Jahre alt. Ihre Mutter beschäftigte sich bereits seit mehreren Jahren mit den Lehren der Esoterik und versuchte all ihr Wissen in die Familie einzubringen. Um sie vor schädlichen energetischen Einflüssen zu schützen, hingen über jedem Tür- oder Fensterrahmen spirituelle Symbole.

Melanie war von ihrer Mutter gelehrt worden, dass sie von Engeln umgeben sei. Diese Engel seien von Gott und würden sie führen. Es sei unbedingt notwendig, auf ihre Stimme zu hören. Die Mutter hatte alles so wunderbar geschildert, so dass Melanie tatsächlich begann, nach einer Stimme zu lauschen.

Nach einiger Zeit war es so weit. Melanie bekam eine Anweisung und folgte ihr. Von da an beobachtete die Mutter, wie Melanie oft mitten im Spiel den Kopf hob und horchte. Dann unterbrach sie ihr Spiel, um zu tun, was die Stimme ihr gesagt hatte.

Eines Tages kam die Mutter zum Glauben an Jesus Christus, und natürlich berichtete sie ihren Kindern davon. Sie las ihnen biblische Geschichten vor und erklärte ihnen, dass Jesus Christus der Weg zu Gott ist und dass sie ihn in ihr Herz aufnehmen müssten, wenn sie bei Gott sein wollten. Melanie tat es.

Ein paar Wochen später fragte ihre Mutter sie: «Hörst du noch immer die Stimmen?» Verwundert, aber auch ein wenig erschrocken vernahm sie Mela-

nies Antwort: «Nein! Die sind nicht von Gott. Die sind vom Teufel.» Die Mutter hatte jedoch nie mit Melanie über den Teufel gesprochen.

Eine der bekanntesten Vertreterinnen der Engellehre bzw. Engeltherapie ist die Amerikanerin Doreen Virtue. Ihre Bücher wurden bereits in vierzehn Sprachen übersetzt. Virtue ist Psychologin und Familientherapeutin und nutzt in ihrer Beratung ihre spirituellen Fähigkeiten. Seit ihrer Kindheit ist sie mit «unsichtbaren Freunden» verbunden. In ihren Büchern schreibt sie nicht nur über die Kontaktaufnahme mit Engeln und anderen himmlischen Wesen, sondern auch über deren spezifische Bedeutung für bestimmte Lebensbereiche und Heilverfahren. Außerdem will sie Menschen den Weg zu «göttlichen Schutzhelfern aus anderen Traditionen und Religionen weisen».[98]

«**Engel** begleiten durch Schwangerschaft und Geburt» heißt es in einem Prospekt für Hebammen. Hier soll die Hilfe von Engeln von der Empfängnis bis zur Geburt und sogar zur Auflösung des Geburtstraumas des Kindes in Anspruch genommen werden. «Erstmals wurden uns aus der Engelwelt Hilfsmittel gegeben, die Schwangeren ermöglichen, die spirituelle Ebene von Schwangerschaft und Geburt bewusster zu erleben.»[99] Die Herausgeberin Ingrid Auer bietet neben Seminaren über die Hilfe von Engeln auch ihre Bücher und Engelessenzen, Öle und Engelsymbole an. Sie erklärt, dass sie in Kontakt zu Engeln steht und ihr Wissen – ebenso wie Virtue – «auf geistigem Weg direkt aus der Engelwelt empfangen hat».[100] Die Symbole sollen mit «hochschwingenden Engelenergien», wie die von Gabriel und Michael, aufgeladen worden sein und werden als heilende, «energetische Unterstützung und Schutz aus der geistigen Welt» präsentiert.

Eine Krankenschwester berichtet in diesem Prospekt: «Sobald ich im Säuglingszimmer die Engel-Aura-Essenz ‹Beruhigung› sprühe, kehrt Ruhe ein.»[101] Es stellt sich hier die Frage: Hat sie die Eltern über ihren Einsatz eines spirituellen Mittels im Säuglingszimmer informiert? Oder reicht für eine derartige Handlung eine gute Absicht und Wirkung *(energeia)* aus?

Gemäß Auer fordert das Ziel des *Neuen Zeitalters*, nämlich der weltumspannende Transformationsprozess unseres Planeten und seiner Bewohner (wie in Kapitel 4 beschrieben), die Notwendigkeit, energetische Hilfe von Engeln in Anspruch zu nehmen. Sie beruft sich auf eine Darstellung im Internet über den *Lichtkörperprozess,* nach deren Aussagen der Kontakt mit hohen Lichtwesen und Engeln ein Tatbestand dieser *Neuen Zeit* sein wird.[102] Hohe Lichtwesen und Engel, nicht ein persönlicher Gott, sollen unsere spirituellen Führer sein.

Elke:

Zu unserer Bewusstseinserweiterung war es unbedingt nötig, die inneren Augen für die spirituelle Wirklichkeit in uns (unser höheres bzw. göttliches Selbst) geöffnet zu bekommen. Dies bedeutete, unseren persönlichen Engel oder spirituellen Führer kennenzulernen. Die Möglichkeit dazu sollte uns wieder einmal eine Reise in unser Innerstes geben.

Nach einer Vorbereitung durch die üblichen Entspannungstechniken wurden wir angeleitet, uns vorzustellen, durch eine Tür in einen Keller zu gehen. Hier sollte es verschiedene Räume geben, deren Türen wir noch nie geöffnet hatten. Nach einer kurzen Orientierung fühlte ich mich von einer der Türen besonders angezogen. In der Erwartung meinen – mir innewohnenden – Engel kennenzulernen, öffnete ich sie vorsichtig. Durch häufiges Training war ich inzwischen daran gewöhnt, sehr schnell innere Bilder zu sehen. Was nun vor meinen Augen erschien, faszinierte mich. Es schien ein sakraler Raum mit einem Thron zu sein, auf dem ein Wesen saß.

(Um Sie, liebe Leserin, lieber Leser, nicht ebenfalls zu faszinieren, werde ich keine weiteren Details beschreiben.) Auf jeden Fall wurden wir aufgefordert, uns dieses Wesen genau anzuschauen, es zu begrüßen und nach seinem Namen zu fragen. Mit dieser Kenntnis seien wir uns der Anwesenheit dieses Wesens bewusst, würden seine Macht, seine Schönheit und seinen Namen kennen, um es bei Bedarf anzurufen und seine Hilfe und Führung zu erbitten.

Diese «Erkenntnis» schien für uns beruhigend zu sein, denn fast alle Teilnehmer dieser Ausbildung warteten auf Führung. Ob sie nun von innen oder von außen kam, war unwichtig. Die Grenzen von innen und außen sollten sowieso aufgehoben sein; denn alles sollte ja von einer «göttlichen» Kraft durchdrungen sein. Wie hatte Fritjof Capra noch gesagt? «Im Grunde gibt es überhaupt keine Teile. Was wir als Teil bezeichnen, ist nur ein Muster in einem untrennbaren Gewebe von Zusammenhängen.»

Die Bekanntschaft mit unserem «Engel» hatte noch eine weitere Folge, wir wurden nämlich stolz auf unser wunderbares inneres, göttliches Wesen, welches durch die kraftvolle Energie unseres ganz persönlichen Engels zum Ausdruck kam.

Inzwischen ist es keine Seltenheit mehr, dass Kinder mittels Fantasiereisen auf die Existenz eines unsichtbaren Freundes oder eines Schutzengels aufmerksam gemacht oder sogar damit verbunden werden. Wir sind sicher, dass viele Erzieher(innen) und Lehrer(innen) den Kindern damit helfen wollen, ihre Einsamkeit zu überwinden oder sich nicht mehr schwach und hilflos zu fühlen. Die meisten wissen wahrscheinlich nicht, dass sie damit den Kindern einen Einstieg zur Kontaktaufnahme mit einer unsichtbaren Welt des Kosmos bieten, der zu Ängsten und Alpträumen führen kann.

Auch bei (Geist-)Heilungen werden Engel mehr und mehr miteinbezogen. Der Geistheiler T. Wolf behauptet, u. a. mit Hilfe von Erzengeln und den Venusengeln zu heilen.[103] Bücher wie: *Mit Engeln heilen* oder *Medizin der Engel* versprechen sanfte neue Wege der Heilung aufzuzeigen und heilende Energien freizusetzen. Dies soll bereits durch Erscheinungen von Engeln in Träumen geschehen.

Hark, der, wie er behauptet, durch einen Engeltraum in «eine brüderliche Beziehung» zu Engeln getreten ist, berichtet, dass er durch «die spirituellen Energien dieses Traumes auf einer höheren Ebene» Heilung eines Kindheitstraumas erfuhr.[104] Er behauptet sogar, Engel würden nicht nur heilen, sondern darüber hinaus sogar «heilig» machen.[105]

Zusammengefasst kann gesagt werden, dass Engel in der Esoterik als unabhängige Geistwesen mit göttlichen Kräften gesehen werden, deren Rat und geistliche Führung als Botschafter einer höheren Welt dazu beitragen, das göttliche Potential im Menschen zu entfalten. Sie sollen angerufen, verehrt oder in gewissem Sinne angebetet werden.

6.5 Engel in der Bibel

Wie wir bereits erwähnten, wurde Satan ursprünglich von Gott als «ein glänzender, schirmender Cherub» (höchster Engel) geschaffen. Er war lange in der unmittelbaren Nähe Gottes, bis an ihm «Missetat gefunden wurde».[106] Diese Missetat lag darin, dass er sich Gott gleich machen wollte.[107] Seine Überheblichkeit hatte ihre Ursache in der selbstherrlichen Betrachtung seiner Schönheit und seines Glanzes. Er war das erste geschaffene Wesen, das Anbetung forderte.

Um sich als Gott auf den Thron setzen zu können, war es erforderlich, auch Jesus Christus, den Mensch gewordenen Gott, dazu zu bringen, ihn und nicht mehr Gott, den Vater, anzubeten. Nachdem Jesus nach seiner Taufe vierzig Tage ohne Nahrung in der Wüste verbracht hatte, sah Satan seine Gelegenheit gekommen. Zunächst versuchte er ihn dazu zu verleiten, seine Wunderkräfte, die er aufgrund seiner Gottheit hatte, für seine menschlichen Bedürfnisse einzusetzen und damit nicht mehr nach dem Willen Gottes zu fragen. Als er damit erfolglos blieb, bot er ihm alle Reiche dieser Welt an. Einzige Bedingung war, niederzufallen und ihn anzubeten. Jesus erkannte die Versuchung und antwortete: «Geh hinweg, Satan! Denn es steht geschrieben: ‹Du sollst den Herrn, deinen Gott, anbeten und ihm allein dienen.›»[108]

Der Begriff *Engel* kommt von *Angelos* und bedeutet *Bote*. Die Bibel nennt Engel auch: Söhne Gottes (Hiob 1,6; 2,1), Söhne des Höchsten (Psalm 29,1), Wächter (Jesaja 62,6) oder dienstbare Geister (Hebräer 1,14), Diener Gottes, Diener Jesu (Matthäus 4,11), Diener der Menschen, «Mitknechte» aller Menschen (Offenbarung 19,10) und Boten (Verkünder von Jesu Geburt; Lukas 2,10).

Die Aufgabe der Engel liegt also darin, sowohl Gott als auch den Menschen zu dienen. Der Dienst am Menschen kann z. B. in Form von stärken (Elia, Jesus), beschützen (Elisa und sein Diener), befreien (Petrus), aber auch in Form von Gottes Gericht sein. Dies jedoch nicht eigenmächtig, sondern nur im Einklang mit dem Willen Gottes. Das Ziel ihrer Handlungen soll immer die Verherrlichung Gottes sein – und nicht die des Menschen.

Engel sind von Gott geschaffene Wesen. Die Bibel sagt, dass sie durch Jesus Christus geschaffen sind, denn «dieser ist das Ebenbild des unsichtbaren Gottes, der Erstgeborene, der **über** aller Schöpfung ist. Denn **in ihm** ist alles erschaffen worden, was im Himmel und was auf Erden ist, das Sichtbare und das Unsichtbare, seien es Throne oder Herrschaften oder Fürstentümer oder Gewalten: alles ist **durch ihn** und **für ihn** geschaffen; und er ist vor allem, und alles hat seinen Bestand in ihm» (vgl. Kolosser 1,15–17). Ihm dienten die Engel auch während seines ganzen Lebens auf der Erde.

Das Engelheer ist offenbar hierarchisch aufgebaut (Throne, Herrschaften oder Fürstentümer etc.). Sie können machtvolle Geschöpfe sein, sind aber nicht allmächtig (2. Petrus 2,11) oder allwissend (Matthäus 24,36, Epheser 3,10).

Sie werden als Geistwesen beschrieben, die zwar keinen physikalischen Leib (Hebräer 1,7) haben, wohl aber in einem Körper erscheinen können (Johannes 20,12), zum Beispiel als ganz normale Menschen in männlicher Gestalt oder als Männer in weißen Kleidern (Lukas 24,4). In den bildlichen esoterischen Darstellungen werden Engel dagegen meistens als beeindruckende, sehr schöne weibliche Wesen gezeigt.

Wo Engel nicht als normale Menschen auftraten, bewirkte ihre Erscheinung im ersten Moment Furcht (Lukas 24,5) und nicht ein Staunen über deren Schönheit.

Zwar deutet die Bibel die Existenz von Schutzengeln an[109], spricht aber nirgendwo davon, dass Menschen sie um Hilfe bitten oder sie verehren sollen. Im Gegenteil, von Gott gesandte Engel weisen jede Anbetung (Verehrung) zurück. Die Offenbarung berichtet von zwei Situationen, in denen der Apostel Johannes einen Engel anbeten will, der ihn jedoch mit den Worten abwehrte: «Bete Gott an!»[110]

Wie Elke bereits berichtete, führte der Kontakt mit Wesen aus der unsichtbaren Welt zu spirituellem Hochmut. Sie meinte, auf einer höheren Bewusstseinsebene und in direktem Kontakt mit göttlichem Wissen zu sein. Offensichtlich gab es dieses Denken und Handeln auch schon zur Zeit des Apostels Paulus, denn er warnt in einem seiner Briefe die Christen, indem er sagt: «Lasst nicht zu, dass euch irgendjemand um den Kampfpreis bringt, indem er sich in Demut und Verehrung von Engeln gefällt und sich in Sachen einlässt, die er nicht gesehen hat, wobei er ohne Grund aufgeblasen ist von seiner fleischlichen Gesinnung» (Kolosser 2,18; Schlachterbibel).

Paulus sagt damit aus, dass sie ihr Ziel, die Versöhnung mit Gott durch Jesus Christus, verpassen können, wenn sie sich auf die Verehrung von Engeln einlassen. Mit anderen Worten, die Verehrung, z. B. in Form von spiritueller Leitung, führt nicht zu einer Verbindung mit Gott, sondern dazu, sich einer anderen Macht zu unterwerfen.

Satan hat als vormaliger Cherub nach wie vor Kraft. Er wurde aber wegen seines Hochmuts von Gott auf die Erde geworfen.[111] Die Engel, die er mit sich riss, hatten vielleicht ebenfalls den Wunsch, mehr Ansehen zu genießen. Vielleicht waren sie auch nur von seiner Ausstrahlung und Macht beeindruckt. Er tritt auch heute noch als Engel des Lichts auf; denn es ist nach wie vor sein Wunsch, als Gott angesehen und angebetet zu werden.

6.6 Kraft durch Qi/Ki/Chi im Taoismus und Konfuzianismus

Als eine Quelle der Kraft und der Vereinigung mit dem Kosmos wird die aus Asien stammende, universelle Kraft Qi/Ki/Chi angeboten. Sie ist in der westlichen Welt mittlerweile so bekannt, dass die Kosten mancher auf sie gegründeten Heilmethoden von Krankenkassen übernommen werden. Symbolisiert wird sie durch das Zeichen des Yin und Yang, welches die Vollkommenheit in der Einheit der Gegensätze zeigt.

Bildlich wird diese Einheit der Gegensätze folgendermaßen dargestellt: In einem Kreis befinden sich zwei aneinandergefügte, gleich große geschwungene Teile. Der eine Teil (Hälfte) ist weiß, und der andere ist schwarz. In der weißen Hälfte befindet sich ein schwarzer Punkt und in der schwarzen Hälfte ein weißer. Das bedeutet, dass es im Grunde genommen **nichts Absolutes** gibt, wie etwa nur pures Licht oder pure Finsternis, nur Böses oder nur Gutes. In jeder Finsternis soll auch immer ein bisschen Licht sein und in jedem Licht auch immer ein bisschen Finsternis. Dieser Gedanke lässt sich auf alle Gegensätze dieser Welt erweitern. Es heißt, der Mensch müsse im Einklang mit den gegensätzlichen Kräften von Yin und Yang leben. Nur dann bleibe er gesund, erhalte ein langes Leben und inneren Frieden.

Der spirituelle Hintergrund der Kraft Qi mit dem Zeichen des Yin und Yang stammt aus dem Taoismus und aus dem Konfuzianismus. Qi wird als Lebensenergie, kosmische oder universelle Energie bezeichnet. Es wird vorausgesetzt, dass die ganze Schöpfung durch diese kosmische Energie entstanden und von ihr durchdrungen ist. Dies bedeutet, Mensch und Natur, oder besser gesagt: der ganze Kosmos, sind/ist eine Einheit.

Um diese Einheit zu erfahren, gibt es bestimmte Methoden, wie Qi Gong, Tai-Chi (meditative Bewegungsformen), Reiki, fernöstliche Kampfsportarten, Feng Shui, Atemtechniken, Massagen wie Shiatsu, medizinische Behandlungen wie Moxibustion, Kräutertees und spezielle Ernährung. Auch die Akupunktur gehört zu ihnen. Diese Methoden «sollen dazu dienen, das Energiegleichgewicht im Kosmos, in der Gesellschaft und im eigenen Körper zu stabilisieren».[112]

Qi soll durch nicht nachweisbare Energiebahnen (Meridianen) im Körper des Menschen fließen. Aufgrund falschen Verhaltens, falscher Ernährung oder falschen Wohnverhältnissen soll es zu Energieblockaden kommen können. Diesen wird dann die Ursache für z. B. Müdigkeit, Depression oder Krankheiten zugeschrieben.

Zur Behandlung werden die fünf Elemente Holz, Feuer, Erde, Metall und Wasser mit einbezogen. Sie werden mit der Theorie der fünf Wandlungsphasen[113] in Zusammenhang gebracht. Außerdem spielt die Astrologie eine große Rolle.

Der spirituelle Hintergrund der Traditionellen Chinesischen Medizin (TCM) besteht aus einer Mischung schamanistischer Vorstellungen und Praktiken, dem Taoismus, dem Konfuzianismus und dem später eingedrungenen Buddhismus.[114] Wichtig ist, dass es in keiner dieser Religionen oder Philosophien den Glauben an einen persönlichen Schöpfergott gibt.

Ralf:

Ralf ist Arzt und Christ. Zusammen mit ein paar Kollegen fuhr er nach China, um eine Weiterbildung in der Traditionellen Chinesischen Medizin (TCM) zu machen.

Schon vor dem Antritt seiner Reise hatte er gewusst, dass die Diagnosestellung völlig anders ist als in der westlichen Schulmedizin. In der TCM würde die Diagnose z. B. aufgrund der Haut-, Augen- oder Zungenfarbe gestellt. Der Puls, der Gang, die Stimme, die Geschmäcker, der Umgang mit Wärme und Kälte, all das sollte auf ein eventuelles Ungleichgewicht von Yin und Yang hinweisen und damit auf bestimmte Krankheiten.

Was er jedoch nicht wusste, war, dass er sich durch die Aneignung des Gedankengutes und den dazugehörigen Behandlungsmethoden auch in das philosophische und besonders in das religiöse Welt- und Menschenbild hineinbegeben würde. Denn Heilung, so wurde ihm gesagt, sollte aufgrund der Wirksamkeit der kosmischen Kraft Qi geschehen. Sie wurde ihm als die zentrale Größe der chinesischen Gesundheitslehre vertraut gemacht. Da der vierwöchige Kurs eher praktisch ausgerichtet war, erkannte er die spirituellen Dimensionen dieser Lehren nicht. Er nahm an, die Methoden von der Philosophie und der Spiritualität trennen zu können.

Zurück in Deutschland begann er einige Patienten mit Akupunktur zu behandeln. Nach einigen Monaten entdeckte er, dass hin und wieder unter Einwirkung der Behandlung bei den Patienten Reaktionen geschahen, die ihm die Haare zu Berge stehen ließen.

Er suchte Rat bei seinen Kollegen. Sie waren ebenso wie er der Meinung, die Philosophie oder das Religiöse von der Methode trennen zu können. Er sah sich jedoch nicht dazu in der Lage. Um ihm zu helfen, erinnerten seine Kollegen ihn daran, dass zur schmerzlindernden Anwendung eine biochemische Reaktion eindeutig nachgewiesen sei. Das alles veränderte jedoch nichts. Irgendwann hatte er den Eindruck, die Behandlungen nicht mehr verantworten zu können, und gab sie auf.

Weil er selber im Verlauf der Zeit nicht nur in eine tiefe seelische, sondern auch in eine Glaubenskrise geriet und ihm die Ereignisse in seiner Praxis keine Ruhe ließen, begann er sich intensiv über die universelle Kraft Qi zu informieren. Er erfuhr, dass Qi auch Atem, Hauch oder Pneuma genannt wird und bereits vor Entstehung der Welt und ihrem Planetensystem als ein Ozean der Kraft (Potential) anwesend gewesen sei. Aus einem Impuls heraus (ähnlich wie der Urknall) sollen aus ihm zuerst das Licht, dann Materie und ganz am Ende die Lebewesen entstanden sein. Qi, so las er, sei «die Essenz aller Dinge»[115].

Aus ihm sei alles hervorgegangen, und es sei in allen Dingen. Es sei Lebensenergie und Bewusstsein. Es bestimme die Gezeiten, schreibe den Planeten ihre Bahn vor, mache jede Schneeflocke einzigartig und sei die Kraft hinter Intelligenz und Emotionen. Qi gebe Gesundheit und sorge dafür, dass sich bei einem kleinen Embryo die Zellen teilen und er sich zu einer ausgewachsenen Person entwickelt.

In einem der Bücher las er dann, der Mensch könne sogar in eine persönliche Beziehung mit Qi treten, sobald er lernen würde, diese Kraft zu kultivieren (beherrschen).[116] *Dies war für ihn umso merkwürdiger, als er wusste, dass es im Taoismus keinen persönlichen höchsten Gott gab. Das, was über Qi gesagt wurde, waren jedoch Eigenschaften Gottes. Nur fehlte hier jeglicher Hinweis auf einen persönlichen Schöpfergott, denn Qi wurde als unpersönliche kosmische Kraft bezeichnet. Er war sich aber gewiss, dass Gott durchaus keine unpersönliche Kraft ist, durch die sich alles entwickelt haben soll.*

Allmählich wurde ihm klar, warum ihm in der letzten Zeit die Beziehung zu Jesus Christus immer schwerer gefallen war. Zu seinem Schrecken stellte er fest, wie er sich unbewusst und ungewollt nicht nur mit einem anderen Gottesbild, sondern auch mit einem anderen, unpersonalen Gott verbunden hatte.

Die Traditionelle Chinesische Medizin stellt «die von ihr erstrebten Heilungen in einen eindeutig religiösen übernatürlichen Zusammenhang ... Deshalb wurzelt die klassische Medizin des Ostens nicht in der Naturwissenschaft, sondern in der Philosophie, der Religion, der Spiritualität und der Mystik».[117]

Der Qi-Gong- und Tai-Chi-Lehrer Jahnke verspricht dem Praktizierenden das Entdecken von drei Schätzen und meint: «Die Tradition von Qi Gong berichtet, dass wir, wenn wir einmal von einem der Schätze geschmeckt haben, bestrebt sind, mehr davon zu haben.»[118]

Der Beginn (erster «Schatz») sei immer im Bereich der Gesundheit und des Körpers zu finden. Menschen wünschen sich, leistungsfähiger zu sein. Nachdem sie die ersten Erfahrungen gemacht haben, trete dieser Wunsch in den Hintergrund und sie entdeckten den zweiten Schatz der Kraft Qi, nämlich Frieden in ihrem Herzen und in ihren Gedanken.

Der dritte Schatz liege dann in der **Erfahrung von Wundern,** nachdem sie den **Geist** kultiviert hätten.[119]

Hier ist nicht nur die spirituelle Dimension im Umgang mit Qi eindeutig, sondern auch der Verlauf einer Entwicklung, wie sie von Ferguson beschrieben wird. Sie beginnt mit dem Interesse im Bereich der Gesundheit und des Körpers und endet im Kontakt mit übersinnlichen Kräften.

Wer von dieser verlockenden Wirksamkeit *(energeia)* hört, stellt kaum die Frage: Was sind Quelle *(exousia)* und Ziel dieser Kraft?

Lucie:

Lucie hatte sich, während sie in dem geschmackvoll eingerichteten Zimmer der Heilerin und Reiki-Meisterin auf ihre Behandlung wartete, vertrauensvoll geöffnet (siehe Kapitel 3.2) und erfuhr die erste Behandlung als sehr positiv. Die Beraterin hatte ihr die Hände aufgelegt und ihr erklärt, dass sie ihr dadurch Energie übertragen würde, die ihre Blockaden im Nacken lösen und ihre Selbstheilungskräfte aktivieren würden. Die Berührungen taten ihr gut, und sie fühlte sich umsorgt.

Zu Hause machte sie sich aber doch Gedanken darüber, woher die Kraft, die sie durch die Handauflegung empfangen hatte, wohl kam? Sie nahm sich vor, Rita – so hieß die Beraterin – beim nächsten Treffen zu fragen. Diese erklärte ihr dann, es handele sich um die Reiki-Energie, die sie auch «Christus-Energie» nennen könne, denn sie sei die gleiche Kraft, mit der auch Jesus Christus geheilt habe. Diese sei als göttliche Energie im Kosmos vorhanden. Nachdem sie selber durch einen Meister darin eingeweiht worden sei, habe sie Zugang zu dieser Kraft erhalten. Sie dürfe nun als Kanal die heilende «Christus-Energie» an andere Menschen weitergeben. Außerdem würde sie vor jeder Behandlung um göttlichen Schutz bitten.

Das überzeugte Lucie, und sie war sich ganz sicher, sich auf eine sanfte, sogar göttliche Art der Heilung eingelassen zu haben.

Irgendwann meldete sie sich selber für einen Reiki-Kurs an, und es dauerte nicht mehr lange, da erhielt sie ihre erste «Einweihung», durch die auch sie ermächtigt wurde, Menschen durch Handauflegung zu helfen. Sie probierte es bei einigen Freunden aus. Und siehe da, es wirkte. Sie spürten eine wohltuende Energie, und eine Freundin wurde spontan von ihren Kopfschmerzen geheilt.

Nachdem sie zwei weitere Reiki-Grade erlangt hatte, machte sie sich als Heilerin selbständig. Um die Kraft der kosmischen Energie zu intensivieren, gebrauchte sie zusätzlich Edelsteine. Manche dieser Steine sollten auch eine reinigende Wirkung haben. Nach einer gewissen Zeit meinte sie, sie müsse sich vor schlechten Energien schützen, und begann alles auszupendeln. So pendelte sie z. B. ihre Nahrungsmittel aus und versuchte herauszufinden, ob Wasseradern in ihrem Haus den Fluss der Energie stören könnten.

Obwohl sie durchaus, wie es schien, Heilerfolge zu verzeichnen hatte, wurde ihr eigener seelischer und gesundheitlicher Zustand immer schlechter. Die Arbeit mit Reiki hatte sie für das Erspüren von «Energien» immer sensibler gemacht. Mit der Zeit fühlte sie sich immer häufiger durch negative Strahlung verunreinigt. Selbst wenn sie bei Freunden zu Besuch war. Sogar in ihrem eigenen Haus fühlte sie sich nicht mehr wohl. Manchmal meinte sie, in der Nacht sogar merkwürdige Geräusche zu hören. In ihren täglichen Meditationen empfand sie zwar einen Zustand des Friedens, dieser hielt aber nur für kurze Zeit an. Im Grunde breitete sich eine stets größer werdende Ruhelosigkeit in ihr aus.

Neben zunehmenden Ängsten und depressiven Zuständen gab es immer heftigere Auseinandersetzungen mit ihrem Ehemann. Er stand ihren spirituellen Heilmethoden skeptisch gegenüber und zog sich mehr und mehr zurück. Da sie jedoch nach Unterstützung und Anerkennung verlangte, wünschte sie sich am Ende nur noch die Trennung. Ab und zu, wenn sie allein war, spürte sie in sich eine große Leere, die ihr Leben absolut sinnlos erscheinen ließ. Dann schoss es kurz durch ihren Kopf: «Ist diese Kraft aus dem Kosmos wirklich von Christus?»

Lucies anfängliche Skepsis wurde durch die Aussage, es handele sich bei Reiki um das Heilen mit «*Christuskraft*», beiseitegeschoben. Ähnliches hören wir immer wieder. Für Menschen, die durch die christliche Prägung unseres Landes noch ein gewisses Verlangen nach einer Beziehung zu Jesus Christus haben, bewirkt der Begriff *Christuskraft* Vertrauen, um sich für eine kosmische Kraft zu öffnen. Gleichzeitig öffnet sich damit die Tür für eine Vermischung fernöstlicher Religionen mit der Lehre des Christentums, so dass Jesus Christus nicht mehr als derjenige angenommen und erfahren werden kann, den die Bibel beschreibt.

Dies gilt jedoch nicht nur für Reiki und fernöstliche Lehren. Auch in vielen esoterischen Heilmethoden wird der Begriff *Christuskraft* verwendet und vermittelt Vertrauen. Da er zu der Annahme führen kann, es handele sich hierbei tatsächlich um den Christus der Bibel, wollen wir als Nächstes der Frage nachgehen: Wer ist Jesus Christus in der Esoterik? Sind der biblische Christus und die *Christuskraft* identisch?

6.7 Christus und die Christuskraft in der Esoterik

Auf der Internetseite eines Heilungszentrums wird der Begriff *Christusenergie/-kraft* folgendermaßen vorgestellt: «Die *Christusenergie* ist eine ganz feine, zarte und liebevolle Energie. Sie wird bei uns vorzugsweise zu Beginn bei jeder Behandlung eingesetzt. Diese Energie läuft über die allumfassende Liebe und wird vom Klienten als warm oder heiß bezeichnet. Bei Kindern kommt die Energie kribbelnd rüber, was oft zum Lachen der Kleinen führt. ... Wir arbeiten über die feinstoffliche Energie und sind Kanal für das Göttliche».[120]

Der bereits erwähnte Geistheiler Wolf verspricht z. B., dass bei seinen Heilungen die *Christusenergie* immer präsent sei.[121]

In diesen Aussagen ist von einer Kraft oder Energie die Rede, der zwar der Name *Christus* zugeteilt wird, die aber ebenso gut auch Buddha-Kraft oder Buddha-Energie genannt werden könnte. Der Grund dafür liegt in der Annahme der Esoterik, Jesus Christus sei nicht als Gott Mensch geworden, sondern er habe sich – ähnlich wie Buddha – als Mensch zum Göttlichen entwickelt. Es sei ihm gelungen, durch mehrere Leben hindurch auf die höchste spirituelle Stufe emporzusteigen. Diese Stufe sei die Erlangung des *«kosmischen Bewusstseins»*.

Wie Jesus und Buddha sollen auch andere «evolutionäre Vorläufer einer neuen Erde und einer neuen Menschheit»[122] diese Stufe erreicht haben, z. B. Laotse, Mose und Krishna. Sie alle werden in der Esoterik Weisheitslehrer genannt.

Zu der Frage, wie Christus zur Erlangung seiner Weisheit gekommen sei, gibt es unterschiedliche Antworten. Die meisten behaupten, er sei in der Zeit zwischen seinem 14. und 30. Lebensjahr in Indien gewesen, vielleicht sogar in Tibet. Andere gehen wiederum davon aus, dass er sich in Ägypten einer Einweihung in sieben Stufen in die geheimen Mysterien unterzog.

Durch die Einweihung, so heißt es, wurde er in die Große Loge der Himmlischen aufgenommen und bekam den Titel: Christus.[123]

Damit sei er ein Musterbeispiel für die göttliche Selbstverwirklichung des Menschen.

Inhalt seiner Verkündigung solle die sogenannte Christusschaft aller Menschen gewesen sein, die gemäß Ken Wilber zum Märtyrertod am Kreuz führte. Ein Medium will folgende Botschaft von Jesus bekommen haben: «Ich lebte, um die Möglichkeiten der Menschen zu zeigen. Was ich getan habe, können alle Menschen tun, und was ich bin, können alle Menschen sein.»[124] Darum solle er seinen Jüngern den folgenden Auftrag gegeben haben: «Gehet hin in alle Welt und predigt den Menschen das Evangelium von der Allmacht der Menschen.»[125]

Wilber ist der Meinung, die damaligen Menschen hätten Jesu Botschaft nicht verstanden, weil sie in ihrer evolutionären Bewusstseinsentwicklung noch nicht auf seiner Ebene angekommen waren. Dies solle auch für seine Jünger gegolten haben, die sich gemäß Wilber noch auf einer niedrigeren Bewusstseinsebene befanden, indem sie noch an einen Gott außerhalb von sich selbst glaubten. Da Jesus den spirituellen Stand seiner Jünger erkannte, solle er es für notwendig gehalten haben, sie über Gott als den Vater zu unterrichten, statt über ihre eigene Göttlichkeit.

Zeichen der Höherentwicklung der Menschen des *Neuen Zeitalters* soll die Erkenntnis über «die wahre Botschaft Jesu» sein. Diese könne folgendermaßen lauten: «Jesus war nicht Mensch wie wir, sondern wir sind Götter (Gott) wie er.»

Für Wilber steht fest, dass der wesentliche Inhalt der Lehre Christi «reine Gnostik war»[126]. Die Gnostik bietet Erlösung über die eigene Erkenntnis der Wahrheit an. Die Wahrheit solle z. B. lauten: «Gib die Suche auf nach Gott, der Schöpfung und anderen Dingen. Suche ihn, indem du dich selbst als Ausgangspunkt nimmst. ... Dich selbst kennen, heißt Gott kennen».[127]

Da Jesus gemäß der Esoterik diese höchste Stufe der Erkenntnis erlangt habe, wird sie auch *Christusbewusstsein* genannt. Ob nun durch Einweihung in Ägypten oder durch spirituelle Techniken in Indien, ist für Esoteriker uninteressant. Wichtig sei nur zu wissen, dass Jesus sich für das Fließen der Christuskraft geöffnet und das Ego samt allen Bindungen an diese Welt aufgegeben habe. Dies habe zu einem Einheitserlebnis und der höchsten Erkenntnis geführt, alles sei Gott. Er sei damit ein großer, beispielhafter Träger dieses Bewusstseins oder dieser Kraft. Sie könne außerdem auch *göttliche Kraft* oder *universelle kosmische Energie* genannt werden. Es handele sich um ein und dieselbe Energie. Medial begabte Personen behaupten, sie deutlich von anderen Kräften unterscheiden zu können.

Die empfangene universelle Kraft habe Jesus dazu befähigt, Wunder zu wirken. Wunder seien bei aufgestiegenen Personen etwas Selbstverständliches. «Wenn sie nicht geschehen, ist etwas fehlgegangen».[128]

Jesus soll heute nicht nur Botschaften an die aufsteigende Menschheit weitergeben, sondern auch der Autor des dreibändigen Buches *Ein Kurs in Wundern*[129] sein. Wesentliche Aussage des Kurses ist: «Es gibt keine Sünde.» Der Kurs solle den Menschen helfen, ihre vorgefertigten Gedanken über Gott loszulassen, um zu erkennen, dass nichts von Gott getrennt sei. Erst dann entstehe eine Offenheit für das Zulassen der Christuskraft, so dass sich verborgene Kräfte entwickeln und Wunder geschehen würden.

Zusammenfassend muss klargestellt werden: Die sogenannte *Christuskraft*, die als die höchste spirituelle Kraft bezeichnet wird, geht gemäß esoterischen Lehren weder allein von Jesus aus, noch ist sie allein in ihm zu finden. Sie wird nur deshalb mit ihm in Zusammenhang gebracht, weil er durch seine spirituelle Entwicklung Träger dieser Kraft sein soll. Damit werden seine Einzigartigkeit und seine Gottheit abgelehnt.

6.8 Jesus Christus in der Bibel

Der Christus, wie ihn die Esoterik darstellt, hat nichts gemein mit dem Jesus Christus, den die Bibel beschreibt. Der historische Jesus Christus, der vor 2000 Jahren gelebt hat, gestorben ist und nach drei Tagen von den Toten auferstanden ist, war gemäß der Bibel weder ein Märtyrer noch lediglich ein besonders hochentwickelter Mensch mit göttlichen Kräften. Er war auch nicht einer von vielen, die Gott sandte, sondern ist – so wie die Bibel es sagt – Gott selber. Er wird Gottes einzig geborener Sohn genannt, weil Gott nur *ein Mal* in ihm Mensch wurde.

Der Jünger und Apostel Johannes schreibt im Neuen Testament, dass Jesus mit seiner Menschwerdung in sein Eigentum kam (Johannes 1,11). Er meint damit, dass die ganze Welt durch Jesus und für

Jesus gemacht wurde. Dies wird in dem Brief, den der Apostel Paulus an die Kolosser schreibt, bestätigt: «und *er* [Jesus] ist *vor allem*, und alles besteht *durch ihn*» (Kolosser 1,17). Das heißt, er existierte schon vor der gesamten Schöpfung.

Jesus wies durch seine Wunder nicht auf die Allmacht der Menschen hin, auch nicht auf eine göttliche Kraft, sondern auf den einzigartigen, ganz persönlichen lebendigen Gott. Seine Wunder sollten zeichenhaft bestätigen, dass er selbst der prophetisch angekündigte und von den Juden erwartete Messias (Gesandter/Gesalbter) ist, der sein Volk von der Trennung von Gott erlöst und ein ewiges Königreich aufrichtet.

Für die heutige Christenheit umschließt «der Name *Jesus Christus* … mehr als nur die Messianität eines gewissen Jesus von Nazaret, in dem Gott seine Verheißungen erfüllt. Alles Heil der Welt, das Gott ihr zugedacht und zugewandt hat, ist für das ganze Neue Testament an Jesus gebunden … In *Jesus* als dem, der der *Christus* ist, ‹wohnt die ganze Fülle der Gottheit leibhaftig› (Kolosser 2,9), zur Rettung all derer, die ihr Vertrauen auf ihn setzen und sich die Frucht seines Sterbens und Auferstehens zueignen lassen.»[130]

Weil hierin unsere Rettung aus dem Zustand grundsätzlicher Trennung von Gott besteht, heißt es auch bei Johannes: «… so viele ihn aber aufnahmen, denen gab er das Recht, Gottes Kinder zu werden, denen, die an seinen Namen glauben» (Johannes 1,12).

Damit wird eindeutig gesagt, dass es bei Jesus Christus nicht um einen besonderen Menschen geht, der sich nur evolutionär durch viele Leben und Einweihungen zu einem Gott und Träger einer spirituellen Kraft entwickelt hat.

Die Bibel zeigt Jesus als Gott, der **vor** aller Schöpfung war, der sich bereits im Alten Testament zeigte und durch die Propheten offenbarte.

Um mit ihm in Verbindung zu sein, muss sich niemand durch das Empfangen einer spirituellen Kraft zu einem göttlichen Wesen entwickeln – wohl aber ihn, seine Gottheit und seine Tat am Kreuz im Glauben annehmen.

7. Glaube oder Magie: Das Beherrschen von Kräften

Esoteriker verbinden sich zwar mit den Wundertaten Jesu, jedoch nicht mit seiner Versöhnungstat am Kreuz. Ihr Ziel ist das sogenannte «Christusbewusstsein» und der Empfang übernatürlicher Kräfte. Auch «innergöttliche» Kräfte sollen durch innere Reinigung von Blockaden aller Art freigelegt werden. Je intensiver der Prozess der Reinigung, umso durchlässiger der Körper für die universellen Kräfte, umso mehr paranormale Phänomene, umso höher der spirituelle Aufstieg.

Methoden, Rituale und Gedankengut der Esoterik und fernöstlicher Religionen erklären, göttliche Kraft sei **verfügbar**. Rituale müssten z. B. nur nach Vorschrift abgehalten oder Körperübungen, wie im Yoga, in der richtigen Haltung und der richtigen Reihenfolge durchgeführt werden, dann würden sich Körper und Geist automatisch öffnen und die kosmische Kraft automatisch fließen. Spirituelle Kräfte könnten auch durch Gegenstände wie Steine und Pyramiden und durch das ständige Wiederholen bestimmter Gebetsformeln (Mantren) empfangen werden.

Letzteres wird auch unter Christen immer populärer, z. B. in der Form des *Immerwährenden Gebets*. Es ist zwar auf eine Vereinigung mit Gott ausgerichtet, verspricht aber, von sich aus durch ständiges Wiederholen auf einer anderen Bewusstseinsebene zu wirken.

Zur Vereinigung mit kosmischer Energie sollen auch sexuelle Praktiken beitragen. So soll die fernöstliche Methode der Tantra-Therapie Paaren und Alleinstehenden in Gruppensitzungen dazu verhelfen, die sexuelle Energie zum Fließen zu bringen und Energieblockaden zu lösen.

Grundlage des Verfügbarkeitsgedankens ist die Magie. Der Magier meint mit der Hilfe von Ritualen und Methoden die sichtbare und die unsichtbare Welt für seine Zwecke manipulieren zu können.

Wie wir bereits andeuteten, hat der esoterische Gedanke, Jesus Christus sei nur Träger der sogenannten *Christusenergie*, einen enormen Einfluss auf die noch christlich geprägte Bevölkerung westlicher Länder. Personen, die dieser Theorie glauben und mit ihr Erfahrungen machen, sind der Meinung, bereits bei Jesus Christus angekommen zu sein. Sie brauchen keinen persönlichen Gott mehr, der sie aus ihrer Trennung von Gott befreit. Denn diese Kraft oder Energie sei in allen Dingen vorhanden und stehe ihnen für ihre eigene Höherentwicklung oder zur Heilung permanent zur Verfügung.

Unter dem Einfluss dieses Denkens werden immer häufiger spirituelle Erfahrungen ***über* den Glauben** und ***über* die Aussagen der Bibel** gesetzt.

Martin besuchte vor etlichen Jahren sein letztes esoterisches Seminar, in dem die Teilnehmer in Verbindung mit der kosmischen *Christuskraft* gebracht werden und innere Heilung und Reinigung erfahren sollten. Bevor sich die Leiterin in einer Fragestunde in Trance begab, bezog sie ihre Fähigkeiten auf einen Bibelvers aus dem Johannes-Evangelium. Dort sagt Jesus: «Wer an mich glaubt, der wird auch die Werke tun, die ich tue, und wird größere als diese tun …» (Johannes 14,12). Sie meinte, aufgrund ihrer wirksamen Kräfte mit Jesus verbunden (vielleicht sogar schon auf einer Stufe mit ihm) zu sein, obwohl sie sich als Medium zu erkennen gab und behauptete, ein Sprachrohr für Geister von Venus zu sein.

Martin, 1990:

Elke und ich hatten zwar gerade unser Leben auf Jesus Christus ausgerichtet, aber noch keine biblische Lehre kennengelernt, als wir eines Tages erfuhren, dass eine uns bekannte amerikanische spirituelle Therapeutin (Rhea Powers) mit ihrem Partner ein Seminar in Köln abhalte. Zu diesem Zeitpunkt meinten wir noch, ohne die Begleitung von Christen und ohne Bibelstudium unser Christsein leben zu können.

Der Unterschied zwischen der Esoterik und dem christlichen Glauben war uns – mangels Lehre – noch weitgehend unbekannt. Immer noch glaubten wir, die Wahrheit und Erkenntnis sei in uns. Außerdem hatten wir Vorbehalte gegenüber der Bibel. Zwar hatten wir Jesu Wirksamkeit erfahren und wussten auch, dass wir durch ihn das Ziel unserer Suche erreicht hatten; es mangelte uns aber an Kenntnis über ihn.

Durch den angebotenen Kurs versprachen wir uns höhere Einsichten auch über Jesus; denn in den Büchern der Seminarleiterin hatten wir öfter Worte von Jesus gelesen. Da die Kosten sehr hoch waren, entschieden wir, dass nur ich dieses Seminar besuchen sollte.

Etwa 300 Menschen waren in dem gemieteten Tanzsaal für den Wochen-

endkurs anwesend. Ich war innerlich ein wenig angespannt, erhoffte mir aber, mehr von Jesus und seiner Kraft zu erfahren.

Zu einem Teil des Seminars gehörte es, mit geschlossenen Augen in einem großen Kreis zu stehen. Ich war voller Erwartung. Als ich immer wieder Geräusche von umfallenden Menschen hörte, öffnete ich verwundert ein wenig die Augen. Ich sah, wie der Co-Trainer von Rhea Powers die Reihe entlangging und bei vielen Teilnehmern seinen Daumen auf die Stirn drückte. Manche fielen wie ein Brett rückwärts um und wurden von zwei jungen Männern aufgefangen. Andere sackten kraftlos in sich zusammen. Der Mann näherte sich mir allmählich, und ich spürte, welch eine enorme Kraft von ihm ausging. Trotzdem fühlte ich Widerstand gegen dieses seltsame Geschehen. Er sah mich an, rührte meine Stirn jedoch nicht an und ging weiter.

Verwundert, vielleicht sogar etwas enttäuscht, stand ich da und fragte mich: «Bin ich noch zu nüchtern, oder liegt es daran, dass ich vor kurzem Christ geworden bin?»

Als die am Boden Liegenden später von ekstatischen Zuständen berichteten, beschäftigten mich die Fragen: Was für eine Kraft löst solche Zustände aus? Ist sie einzig und allein den Fähigkeiten des Trainers zuzuordnen, oder ist er nur ein Kanal? Über eines war ich mir jedoch vollkommen sicher, nämlich dass es sich um eine übersinnliche Kraft handelte.

Heute wissen wir, dass die Wirkungen in diesem Seminar nichts mit Jesus Christus und dem Glauben an ihn zu tun hatten. Powers und ihr Co-Trainer sahen auf der Grundlage eines falschen Christusverständnisses das Spüren kosmischer energetischer Wirkungen als ein Zeichen wirksamen Glaubens.

Zu unserer Betroffenheit entdecken wir, dass seit Beginn des *Neuen Zeitalters* das Verlangen nach besonders kraftvollen Erlebnissen und den gerade genannten Phänomenen auch bei Christen immer mehr in den Mittelpunkt rückt. Ähnlich wie in den östlichen Religionen und in der Esoterik strecken auch Christen sich zunehmend nach einer Person aus, die ihnen einen Segen oder eine Kraft übertragen kann. Dabei geht es in erster Linie nicht mehr um die Kraft des Wortes Gottes durch die Predigt, sondern um fühlbare oder sichtbare Phänomene der Kraft, um spektakuläre Wunder.

Auch der **Verfügbarkeitsgedanke** bekommt immer mehr Raum in christlichen Gemeinden. So wie Esoteriker meinen, sich nach Belieben kosmischer Kräfte bedienen zu können, glauben auch Christen vermehrt an die ihnen bei Bedarf zur Verfügung stehende Kraft Gottes. Gott wird dabei (wahrscheinlich ungewollt) allmählich zu einer unpersönlichen Kraft, die je nach Bedürfnis wirksam werden soll.

So wird inzwischen vorgeschlagen, sich z. B. bei einem Mangel an gewissen Dingen einfach vor den inneren Augen das Gewünschte vorzustellen, es innerlich zu empfangen und bereits vor Erhalt dafür zu danken. Ohne es zu ahnen, wird so der Glaube an Gott durch die Praxis des Visualisierens zur magischen Handlung. «Es geht darum, sich ein Ziel bildlich genau vorzustellen, es vor dem inneren Auge zu sehen … Wenn der Magier z. B. eine neue Arbeitsstelle bekommen möchte …, dann ‹visualisiert› er …»[131] In dieser magischen Handlung ist die Auffassung verborgen, dass es in der Macht der Menschen liege, Gottes Kraft für die gewünschten Zwecke zu mobilisieren, zu manipulieren und sich ihrer zu bedienen.

Manche Christen gehen mittlerweile so weit, dass sie, wenn die proklamierte Wirkung, wie etwa eine Heilung, nicht eintrifft, behaupten, die betreffende Person hätte nicht genügend Glauben. Hier wird Glaube als Leistung verkündigt. Somit stehen nicht mehr Gottes Werk oder sein Wille im Mittelpunkt (Heilung oder Nichtheilung), sondern die Person als Leistungsträgerin eines wirksamen Glaubens.

Was aber sagt die Bibel über Ausdruck und Wirksamkeit der Kraft Gottes?

7.1 Erfahrungen mit der Kraft Gottes bei Elia

Elia ist einer der alttestamentlichen Propheten, der die Kraft Gottes erlebte wie kaum ein anderer. Am Ende seines Lebens wurde er vor den Augen seines Prophetenschülers Elisa lebendig in den Himmel aufgenommen. Seine Beziehung mit Gott war so vertraut, dass er genau unterscheiden konnte, in welcher Kraft Gott persönlich gegenwärtig und in welcher er nicht gegenwärtig war.

Er erlebte Gottes machtvolles Handeln, nachdem er ihn gebeten hatte, die dargebrachte wassergetränkte Opfergabe vor den Augen des Volkes und der Baals-Priester durch Feuer zu verschlingen. In seinem Gebet: «Heute soll man erkennen, dass du Gott in Israel bist und ich dein Knecht und dass ich nach deinem Wort das alles getan habe» (1. Könige 18,36), weist Elia nicht nur auf **Gottes** kraftvolles

Wirken hin, sondern macht auch seinen persönlichen Stand (als ein Knecht) deutlich. Er gibt klar zu erkennen, dass das Feuer aus dem Himmel nicht aus seiner innewohnenden «göttlichen» Kraft hervorgeht. Allerdings weiß Elia, dass er an dieser Stelle um Gottes mächtiges Wirken im Feuer bitten darf; denn Gott will, dass das zweifelnde, irregeleitete Volk sich ihm wieder zuwendet.[132]

Ein wenig später stellt er fest, dass Gott sich auf ganz andere Art und Weise zeigt: «Der Herr sprach [zu Elia]: Geh heraus und tritt hin auf den Berg vor den Herrn! Und siehe, der Herr wird vorübergehen. Und ein großer, starker Wind, der die Berge zerriss und die Felsen zerbrach, kam vor dem Herrn her; der Herr aber war nicht im Winde. Nach dem Wind aber kam ein Erdbeben; aber der Herr war nicht im Erdbeben. Und nach dem Erdbeben kam ein Feuer; aber der Herr war nicht im Feuer. Und nach dem Feuer kam ein stilles, sanftes Sausen. Als das Elia hörte, verhüllte er sein Antlitz mit seinem Mantel und ging hinaus und trat in den Eingang der Höhle» (1. Könige 19,11–13; Lutherbibel).

Wieder kommt hier die enge Beziehung zwischen Gott und Elia zum Ausdruck. Das sanfte Sausen zeigt Gottes Trost und liebevolle Fürsorge, denn Elia war in seiner Situation verzweifelt. Elia erkannte Gott, weil er ihn und sich selbst nicht auf mächtige oder bestimmte Wirkungen festgelegt hatte. Er war so vertraut mit ihm, dass er sofort wahrnahm, dass alle Kräfte der Natur nur «vor dem Herrn» hergingen und Gott selbst diesmal nicht wieder im Feuer, sondern in einem «stillen, sanften Sausen» erschien.

In der Bibel erfahren Menschen auf sehr unterschiedliche Weise die Kraft des lebendigen Gottes. Die alttestamentlichen Propheten mussten sich sozusagen an Gottes dynamische Andersartigkeit gewöhnen. Als Mose in der Wüste ein unerwartetes Phänomen erblickte, nämlich einen brennenden Dornbusch, der nicht vom Feuer verzehrt wurde, war es Gott, der sich zu Moses Überraschung darin offenbarte.

Gott sprach Mose an und gab sich zu erkennen. Trotzdem fragte Mose ihn nach seinem Namen. «Ich bin, der ich bin» oder «Ich werde sein, der ich sein werde»[133], lautete Gottes Antwort. In dieser Selbstoffenbarung Gottes ist sowohl der Ausdruck eines absolut fundamentalen Seinszustands («Ich bin») als auch die dynamische Beweglichkeit einer Person («Ich werde sein») enthalten. So zeigt Gott in diesem Namen die ganze Dynamik seiner Persönlichkeit, aber auch sein ewiges Sein.

Er entscheidet souverän darüber, worin er sein Wesen zum Ausdruck bringt und was er damit bewirkt. Auch wenn er bei der Begegnung mit Elia weder im Wind noch im Erdbeben noch im Feuer war, heißt das nicht, dass Wind, Erdbeben und Feuer unabhängig von Gottes Kraft stattfanden. Gott hat alles geschaffen, und seine Kraft kann auch Wind, Erdbeben und Feuer bewirken.

Es ist erstaunlich, dass der Prophet Elia sich nicht durch Naturgewalten beeindrucken ließ, sondern wachsam unterschied und Gott im unscheinbaren Säuseln eines sanften Windes erkannte. All seinen Wundertaten ging ein Gespräch mit Gott, eine Bitte oder ein Wort von Gott an ihn voraus. Er wusste, dass er nicht beliebig oder nach seinen eigenen Maßstäben über die Kraft Gottes verfügen konnte.

Von Elia können wir lernen, Gott nicht auf eine bestimmte Art des Handelns und des Seins festzulegen. Darüber hinaus sollten wir uns nicht dazu verführen lassen, unsere Erfahrung als Maßstab für andere aufzustellen oder sie zur Regel oder Methode zu erheben.

7.2 Jesus und die Kraft Gottes

Im Neuen Testament offenbarte sich Gott in Jesus Christus.[134] Als Jesus dem orkanartigen Sturm gebot: «Schweig still!», und daraufhin eine große Stille eintrat, fragten seine Jünger voller Ehrfurcht: «Wer ist denn dieser?»[135]

Gottes Kraft erschien in Jesus Christus, dem Gottessohn, in menschlicher Gestalt. Er heilte, gebot den Naturgewalten, vermehrte Brote, weckte Tote auf und vieles mehr. Er zeigte in allem, dass er ein persönlicher Gott ist, der je nach Situation souverän, gnädig, außergewöhnlich, aber auch richtend handelt.

Esoteriker könnten hier meinen, Jesus habe bereits die *Christuskraft* empfangen und sei deshalb in der Lage gewesen, die Wunder zu bewirken.

Was aber sagt Jesus dazu? «Wahrlich, wahrlich, ich sage euch: Der Sohn kann nichts von sich selbst tun, außer was er den Vater tun sieht; denn was *der* tut, das tut ebenso auch der Sohn.»[136] Damit sagt er Folgendes aus:

1. Seine (Wunder-)Werke entsprangen nicht seinem eigenen Gutdünken und irgendwelchen Ideen über das, was er als nützlich empfand oder für notwendig hielt.
2. Die Quelle seiner Kraft lag nicht in der Wirkung einer unpersönlichen Kraft durch ihn, sondern immer in dem gewollten Wirken des persönlichen Gottes, seines himmlischen Vaters.
3. Er richtete sich nicht in erster Instanz nach den Bedürfnissen von Menschen, sondern vielmehr danach, wann, wie, bei wem und wo Gott wirken wollte. Dies konnte durchaus unterschiedlich sein. So heilte er an manchen Orten alle Kranken, während er z. B. am Teich Bethesda nur eine Person auswählte (Johannes 5,1–16).
4. Er handelte nur in völligem Einverständnis mit Gott, dem Vater, und dessen Tun. Das bedeutet, er lebte mit dem Vater in einer engen Beziehung, aber nicht in einer Verschmelzung, in der es kein Gegenüber gibt.

Jesus konnte ohne die Beziehung zum Vater nicht dessen Willen tun und seine Absichten erkennen. Die Bibel berichtet immer wieder von Zeiten und Gesprächen Jesu mit Gott, dem Vater. Wenn Jesus sagt: «Ich und der Vater sind eins» (Johannes 10,30), bedeutet das nicht, er habe die Freiheit, nach eigenem Ermessen zu handeln. Und es bedeutet schon gar nicht, dass er ohne eigenen Willen oder in Gott aufgelöst ist.

Der Unterschied zwischen seinem Willen und dem Willen des Vaters kam kurz vor seiner Gefangennahme im Garten Gethsemane ganz besonders zum Ausdruck. Erst nach heftigen Gebetskämpfen stellte Jesus seinen Willen unter den des Vaters, indem er sagte: «Vater, wenn du willst, nimm diesen Kelch von mir weg – doch nicht mein Wille, sondern der deine geschehe!» (Lukas 22,42–43). Daraufhin sandte Gott ihm einen Engel, der ihn stärkte.

Die Einheit Jesu mit dem Vater lag in der Einheit des Geistes und in Jesu Gehorsam gegenüber dem Willen des Vaters. Den Willen des Vaters kannte er nicht nur durch göttliche Eingebung, sondern durch das Wort der Schrift[137], worin Gott seinen Plan für die Rettung der Menschen durch Jesu Tod bekannt gegeben hatte. Er rang um den Gehorsam, als sein Wille sich dagegen sträubte. Er war ehrlich und begab sich nicht durch einen trance-ähnlichen Zustand in höhere Bewusstseinsebenen, sondern unterstellte sich willentlich dem für ihn vorgesehenen Weg Gottes. Erst dann erlebte er Gottes Kraft durch den gesandten Engel.

Gemäß dieser Beziehung sollten auch Menschen leben, die Jesus nachfolgen, um mit ihm eins zu sein, wie er mit dem Vater eins ist. Nachfolgen heißt: auf Jesus schauen, auf sein Leiden, auf seine Auferstehung, seinen Gehorsam, seine Liebe und Vergebung und auf sein Wort. Es heißt, ihm zu vertrauen und im Glauben nach dem zu handeln, was er uns vor die Füße legt. Dann empfangen wir von ihm die nötige Kraft und auch die Gaben, um das zu tun, wozu er uns beauftragt.

8. Wirklichkeit oder Wirksamkeit

Im Verlaufe dieses Buches versuchen wir immer wieder deutlich zu machen, dass es einen klaren Unterschied zwischen fernöstlichen bzw. esoterischen Lehren und Zielen sowie den Lehren der Bibel gibt. Die Bibel spricht von der ersten bis zur letzten Seite von Gott als dem allmächtigen Schöpfer. Wer den Schöpfer als Realität annimmt, muss auch seine Schöpfung als real sehen, d. h. als eine Welt, die es wirklich gibt.

Vielleicht sagen Sie, liebe Leserin, lieber Leser: «Natürlich ist diese Welt real. Wir leben darin. Ich kann sie mit meinen Augen sehen und mit meinen Händen betasten.» Trotzdem würden z. B. Buddhisten diese Realität ablehnen.

Die Naturwissenschaft, die in der christlich geprägten westlichen Welt entstand, ging immer von der Annahme aus: Wir untersuchen eine reale Welt.

Dieser Basisgedanke wird seit der *New-Age-Bewegung* in Frage gestellt. Zwar legt die Esoterik auch Wert auf die Wissenschaft, geht aber von einer anderen Wirklichkeit aus. Der New-Age-Autor Fritjof Capra publizierte diesen Gedanken in seinem Buch *Das Tao der Physik.*[138]

Tao wurde von dem chinesischen Weisen Laotse beschrieben als «ein **universelles Prinzip**, dem alles, von der Entstehung der Galaxien bis zur Interaktion der Menschen untereinander, zugrunde liegt».[139]

Capra sieht den Ursprung der eigentlichen Wirklichkeit nicht in einem Schöpfergott, sondern in dem universellen Prinzip fernöstlicher Religionen.

Diese Religionen haben ebenso wie die Esoterik eine andere Auffassung der Realität. Für sie ist das Sichtbare nicht real, sondern Illusion. Man glaubt, die eigentliche Realität sei eine unsichtbare (Erleuchtungs-)Realität hinter den Dingen. Diese Realität sei meditativ zu durchdringen, während die sichtbare Welt verleugnet, ja vielmehr abgelehnt werden solle.

Das Ergebnis dieses fernöstlichen Denkens, das von der Esoterik übernommen wurde, ist, dass diese sichtbare Welt nicht mehr in erster Linie als Wirklichkeit verstanden wird. Das Augenmerk soll vielmehr auf die Wirksamkeit der Kräfte *hinter* den Dingen gerichtet werden. In dieser Verschiebung liegt einer der größten schleichenden Einflüsse der *New-Age-Bewegung* mit der Konsequenz: Wirkung statt Wirklichkeit.

8.1 Persönlicher Gott oder kosmische Kraft?

Im ersten Satz der Bibel heißt es: «Im Anfang schuf Gott den Himmel und die Erde» (1. Mose 1,1). Das bedeutet: Ausgangspunkt aller Dinge ist Gott und damit er als Wirklichkeit. In der Bibel wird weiterhin berichtet, dass Gott, der Schöpfer, eine enge Beziehung zu seinen Geschöpfen haben möchte. Darum stellte er sich bis zum Anfang unserer Zeitrechnung durch Propheten vor, die seine Botschaften verkündeten und seine Macht durch Zeichen und Wunder zeigten. Als Letztes offenbarte sich Gott in seinem Sohn Jesus Christus.[140]

In den fernöstlichen Religionen und in der Esoterik geht es dagegen um ein Auflösen im Nichts oder um eine Verschmelzung mit dem Kosmos, wobei der Kosmos als göttlich definiert wird. Bereits im dritten Kapitel stellten wir die verschiedenen Sichtweisen über den Bereich des Kosmos und den Bereich Gottes dar.

Dabei wurde herausgearbeitet, dass der Bereich des Kosmos aus der sichtbaren Welt (Schöpfung) und dem sie umgebenden Firmament besteht. Wir berichteten, dass dieser Bereich, gemäß dem Wort Gottes, aufgrund des Ungehorsams der Menschen gegenüber Gott von ihm für eine festgelegte Zeit unter die Herrschaft des gefallenen Engels Luzifer (Satan) und seines Engelheers (Dämonen) gegeben wurde. Somit sind alle Menschen diesem unsichtbaren Herrscher, den die Bibel den «Geist des Kosmos» nennt, unterstellt.

Nur wer sich einer anderen, einer größeren geistlichen Macht unterstellt, ist aus dem Zeitlauf dieser Welt, vom Herrscher der Luft und dem Zwang des wirksamen Geistes befreit.

Gemäß der Bibel begeben Menschen sich unter die Herrschaft Gottes, wenn sie Jesus als Urheber ihrer Erlösung erkannt und ihn in ihr Leben aufgenommen haben. Solchen schreibt Paulus: «Wir aber haben nicht den Geist der Welt *[kósmos]* empfangen, sondern den

Geist, der aus Gott ist, damit wir die Dinge kennen, die uns von Gott geschenkt sind»[141].

Die Esoterik behauptet dagegen, es habe nie eine Trennung von Gott gegeben. Somit gebe es auch keine Trennung zwischen dem Bereich des Kosmos und dem Bereich Gottes. Der Kosmos (Schöpfung und Universum) sei letztendlich alles Gott. Eine Aussage Wilbers verdeutlicht dies, indem er sagt, die Trennung von Gott beruhe nur auf Unwissenheit darüber, «dass es *nur* Gott gibt».[142]

Damit wird klar, dass es sich hier um zwei **grundverschiedene Glaubensannahmen** handelt. Wer dies erkennt, sollte sich, um nicht in völlige Verwirrung zu geraten, für eine der beiden entscheiden.

Der **Hauptunterschied** dieser Glaubensannahmen liegt in den Fragen:

Gibt es einen persönlichen Gott, der mich liebt und mit dem ich reden kann; einen Gott, der mich hört und mich leitet?

Oder handelt es sich um eine unpersönliche Kraft, die in allen Dingen ist, die verfügbar ist und keine eigenen Maßstäbe hat? Die insbesondere dafür da ist, dass der Mensch sich selbst zum Gott entwickeln oder sich im Nirwana auflösen kann?

Wer ehrlich sucht, darf diesen Unterschied nicht einfach übersehen. Er oder sie sollte sich die unbequeme und inzwischen gar nicht mehr populäre Frage stellen: Welche von beiden Möglichkeiten ist die Wahrheit?

8.2 Die Frage nach der Wahrheit

Schon der römische Präfekt Pilatus fragte (vielleicht achselzuckend): «Was ist Wahrheit?» (Johannes 18,38), als Jesus vor ihm vor Gericht stand und ihm sagte, er sei in diese Welt gekommen, um die Wahrheit zu bezeugen. Pilatus schien es nicht der Mühe wert, zu fragen: «Was ist das für eine Wahrheit?», sondern er ging sofort zu seinen Amtsgeschäften über. Vielleicht hatte er sich auf die Annahme festgelegt, es gebe keine absolute Wahrheit. Dabei hätte er die Chance gehabt, von Jesus gelehrt zu werden und die Wahrheit Gottes kennenzulernen.

Für Esoteriker gibt es zwar (spirituelle) Wahrheiten, und diese seien subjektiv erfahrbar. Eine absolute Wahrheit, die unabhängig von der (subjektiven) Erfahrung des Menschen wirklich da ist, würden sie jedoch verneinen.

Der Einfluss dieses esoterischen und fernöstlichen Gedankengutes ist in unserer Gesellschaft mittlerweile so groß, dass es als intolerant gilt, die Frage nach der absoluten Wahrheit überhaupt zu stellen.

Darum gehört zum Anspruch des *Neuen Zeitalters* auch die Aufhebung des Dogmatismus, d. h. des Festhaltens an bestimmten – besonders den christlichen – Lehraussagen. Gründe dafür liegen erstens in der Absicht, eine Weltreligion zu schaffen, und zweitens in der Annahme, der Mensch sei im Kern ein göttliches Wesen und somit auch *Träger der Wahrheit.*

Der westliche Guru Premananda baut seine Lehren offensichtlich auf dieser Erkenntnis auf. In seinem Kursangebot heißt es: «Satsang Dialog mit Premananda. Satsang bedeutet ein Treffen in der Wahrheit. Du teilst den Menschen die Wahrheit mit, **so wie du sie verstehst.**»[143] Die Konsequenz dieses Denkens ist: Jeder Mensch hat seine eigene Wahrheit. Das aber führt dazu, dass Wahrheit relativ wird.

Elke:

Dieses Denken wurde uns auch in einer Gruppensitzung vermittelt. Wir saßen wie üblich alle im Kreis, als die Trainerin einen Blumenstrauß in die Mitte stellte. Nun sollten Personen aus unterschiedlichen Richtungen den Strauß beschreiben. Da wir alle in einem Abstand von ein paar Metern um ihn herum saßen, konnten wir nicht jede Blume sehen. Aus den einzelnen Berichten wurde schnell klar, dass jede Beschreibung ein wenig anders war. Das Ergebnis sollte zeigen, dass jeder von uns aus seiner Sicht die Wahrheit wahrnahm, so dass wir in Frieden miteinander umgehen könnten. Dieser Gedanke erschien uns so liebevoll und so logisch, dass wir gar nicht auf die Idee kamen, z. B. zu sagen: «Wenn wir uns erhoben hätten und um den Strauß herumgegangen wären, hätten wir ihn in seiner Gesamtheit wahrgenommen und wären so der Wirklichkeit (Wahrheit) näher gekommen.» Stattdessen übernahmen wir passiv und unkritisch die Sicht der Trainerin.

Das Denken, die Wahrheit sei in mir, verfestigte sich dadurch, dass meine

Wahrnehmung durch zahlreiche Übungen immer mehr trainiert wurde. Bald meinte ich in der Lage zu sein, die Gedanken und Gefühle anderer Menschen immer deutlicher zu erkennen oder sogar selber zu empfinden. Dies führte ganz allmählich zu einer Hellfühligkeit.

Da meine Wahrnehmungen häufig von Menschen bestätigt wurden, meinte ich, sobald ich mit einer Person in Kontakt kam, ihre Schwächen und Stärken, ihre Motivation für bestimmte Handlungen, bis hin zu Problemen ihrer Kindheit, zu erkennen. Ich war fest davon überzeugt, dass meine Wahrnehmung der Wahrheit entsprach. Somit steckte ich sie innerlich in eine Schublade, aus der sie nur sehr schwer herauskamen.

Erst nachdem ich Jesus Christus die Führung für mein Leben übergeben hatte, zeigte er mir, wie hart und hochmütig ich durch die vermeintliche Wahrheit in mir geworden war, wie sehr ich auf mich selbst ausgerichtet war und mich zum Maßstab gesetzt hatte.

In den Kursen, an denen Elke teilnahm, wurde immerhin der Begriff *Wahrheit* noch benutzt, wenn auch in der Meinung, jeder habe seine eigene Wahrheit. Inzwischen wird jedoch bei vielen Menschen die Ansicht des Dalai Lama vertreten, in der es – gemäß den buddhistischen Lehren – heißt, alles in dieser Welt sei Illusion und damit relativ.

«Alles ist relativ!», sagte der Dalai Lama im Jahr 2002 zu der Menge gespannt lauschender Menschen auf der Waldbühne beim Kirchentag in Berlin. Er hielt dabei seine Hand hoch und zeigte auf den Mittelfinger: «Im Vergleich zum Mittelfinger ist der Ringfinger klein, aber im Vergleich zum kleinen Finger ist der Ringfinger groß. Siehst Du: alles ist relativ!»

Die Zuhörer klatschten begeistert Beifall. Es war, als seien ihnen gerade die Augen für eine bisher ungekannte Wahrheit geöffnet worden.

Genannte Aussage meint nicht, dass das tibetische Volk überhaupt keine Werte hat. Es gibt im Buddhismus Regeln und Gebote. Die fünf wichtigsten Gebote sind sogar ähnlich wie fünf der Zehn Gebote der Bibel: nicht zu lügen, nicht zu stehlen, nicht zu töten, nicht die Ehe zu brechen und keine berauschenden Mittel einzunehmen.

Die Lamas (buddhistische Lehrmeister) vermitteln der Bevölkerung diese Regeln und stellen sie als Maßstab auf. Allerdings gibt es für die Lehrmeister selber keinen endgültigen Maßstab, der bestimmt, ob sie die Regeln halten. Man geht davon aus, dass sie bereits höhere Erkenntnisse gewonnen haben und dadurch in der Lage sind, einzuschätzen, wann eine Übertretung sogar zum (spirituellen) Nutzen sein könne. So sagt der Dalai Lama z. B.: «Belügen Sie niemals irgendjemanden, es sei denn, Sie können anderen durch Lügen sehr viel helfen.»[144]

Mit der Annahme, dass Wahrheit relativ sei, hat der heutige Mensch einen *neuen Standpunkt* eingenommen. Dieser heißt: «Du darfst keinen festen Standpunkt haben.» Vielleicht sind gerade diejenigen, die mit diesem Satz am lautesten nach Toleranz rufen, sich ihres festen Standpunktes nicht bewusst.

Wie wichtig aber die Frage nach der Wahrheit ist, erkennen wir dann, wenn wir in einen Rechtsstreit verwickelt sind. Als wir vor ein paar Jahren im hektischen Verkehr einer Großstadt in Indien mit einem Taxi herumfuhren, fragten wir den Taxifahrer: «Was geschieht, wenn ein Unfall passiert?» Seine Antwort erstaunte uns: «Im Allgemeinen gilt das Faustrecht.» Das bedeutet, derjenige ist im Recht, der am stärksten oder am wirksamsten ist.

Auch wenn den Menschen unseres Zeitalters das Verlangen nach dem Erkennen der Wahrheit mehr oder weniger genommen werden soll, lässt es sich im persönlichen Leben nicht unterdrücken.

Bei kriminellen Handlungen und Fragen nach der Schuld wären Menschen empört, wenn es hieße, jeder habe entsprechend seiner Wahrheit gehandelt. Als Autoren sind wir der Meinung, dass der gerechte Gott die Menschen so gemacht hat, dass auch sie nach Gerechtigkeit (Wahrheit) streben. Dieses Streben wird aber erst in der Verbindung mit Gott, der selber die Wahrheit ist, in die richtigen Bahnen gelenkt.

Welche Auswirkungen der Verlust des Glaubens an eine absolute Wahrheit hat, zeigte sich in einer Studie, die 1994 in den USA unter 3700 christlich geprägten Jugendlichen durchgeführt wurde. Fast ein Drittel der Befragten lehnten den Glauben daran ab.[145] Das Ergebnis war, dass diejenigen, die nicht an die Existenz einer absoluten Wahrheit glaubten, um 36 % wahrscheinlicher ihre Eltern belügen, zweimal so wahrscheinlich jemanden körperlich verletzen, pornographische Filme anschauen, sich betrinken oder stehlen würden. Der Gebrauch von illegalen Drogen ergab sich als dreimal und das Begehen von Selbstmord als sechsmal so wahrscheinlich.[146]

Offensichtlich bietet der Glaube an eine absolute Wahrheit einen inneren Halt, da er einen letztendlichen Maßstab setzt. Mit dem Fehlen dieses Maßstabes und dem zusätzlichen Gedanken, die Wahrheit liege in uns selbst, sind unseren Taten keine Grenzen mehr gesetzt. Man bewegt sich nur noch auf der Ebene des subjektiven Empfindens, d. h. der Mensch tut, wonach ihn gelüstet. Die Folge davon ist, dass man nur noch auf sich selbst ausgerichtet ist und nicht mehr darauf achtet, was das Verhalten in der Realität bewirkt.

Eine der zerstörerischen Auswirkungen dieses Denkens findet sich z. B. im Bereich der Ehe und der Sexualität.

Lucie:

Immer wieder hatte Lucie versucht, ihren Ehemann für das Gedankengut und die Praktiken der Esoterik zu gewinnen, doch vergeblich. Da sie sich selber aber nach dem Ziel der «göttlichen» Selbstverwirklichung ausstreckte, fühlte sie sich durch seine ablehnende Haltung beeinträchtigt. War er vielleicht sogar die Ursache der schlechten Energien in ihrem Haus?

In Büchern und Seminaren wurde ihr gesagt, dass man alles, was dem hohen spirituellen Ziel der «göttlichen» Selbstverwirklichung im Wege stehe, hinter sich lassen müsse; denn es binde an niedrige Bewusstseinsebenen.

Dagegen sei alles, was dem Ziel diene, erlaubt. Schon bald hatte Lucie entdeckt, dass Gottes Gebot «Du sollst nicht ehebrechen» nur so lange seinen Wert hatte, wie es die spirituelle Entwicklung förderte. Im Großen und Ganzen galt es, die Gefühle auszuleben und sich über sexuelle Schranken hinwegzusetzen.

Sie hatte wahrgenommen, dass während der Kurse und Seminare in Bezug auf Beziehungen der Ehepartner keine Rolle spielte. Auch sie hatte sich verschiedene Male zu weit auf das «liebevolle» Bemühen männlicher Teilnehmer eingelassen. Diese schienen so viel mehr Verständnis für sie zu haben als ihr Ehemann. Ganz davon abgesehen, waren sie auch spirituell mit ihr auf einer Ebene.

Nach ein paar Jahren drohte sie ihrem Mann, sich einen anderen Partner zu suchen. Da sie sich aber nicht ganz sicher war, ob es die richtige Entscheidung war, ließ sie sich bei einer Bekannten ihr Horoskop erstellen. Diese Frau sagte ihr voraus, sie würde ***ihren*** *Mann noch finden. Das bestärkte sie in ihrem schon lang gehegten Gedanken, mit dem falschen Mann verheiratet zu sein. Von da an machte sie sich konkret auf die Suche.*

Eines Tages meinte sie, während einer Zusatzausbildung in einem der

Teilnehmer ihre Zwillingsseele zu erkennen und somit ihren ***wirklichen*** *Mann. Sie verließ ihre Familie und zog in der Meinung zu ihm, einen notwendigen Schritt zu ihrer Selbstverwirklichung zu gehen. Außerdem galt es als das höchste Prinzip, die wahre Liebe zu leben. Und dass es sich hier um eine göttliche Liebe handelte, schienen ihre Gefühle ganz deutlich zu bestätigen.*

Zwar regte sich noch hier und da ihr Gewissen, aber im Grunde hatte sie wenig Empfinden für ihre Lieblosigkeit gegenüber ihrer Familie und für den enormen Schaden, den ihr Verhalten in Wirklichkeit anrichtete.

Ebenso wie Lucie erfahren unzählige Menschen den Verlauf ihrer persönlichen Entwicklung auf dem Weg des spirituellen «Erwachens». Sie beginnen (wie in Kapitel 5.3 beschrieben) mit dem Wunsch nach mehr Lebensqualität, Heilung oder auch nach spirituellen Erfahrungen und enden mit der Annahme, die Wahrheit oder das Göttliche sei in ihnen. Sie lernen durch führende spirituelle Lehrer wie Wilber, Tolle und Jäger, dass der Glaube an einen persönlichen Gott einer niedrigeren Bewusstseinsstufe zuzuordnen sei. Das Ziel solle die völlige Auflösung jeder Gottesvorstellung sein und die Erkenntnis: «Ich bin Gott.»

Mit der Ablehnung eines persönlichen allmächtigen Schöpfer- und Erlösergottes fällt jedoch der Maßstab einer übergeordneten absoluten Wahrheit (Wirklichkeit) weg. Und mit ihm sowohl der höchste Gesetzgeber als auch der höchste Richter.

Diese Gesetz- und Sittenlosigkeit wird durch folgendes Beispiel vielleicht noch deutlicher:

«Eigentlich hätte ich es mir gut vorstellen können, mit dir verheiratet zu sein», sagte der Gruppenleiter in einem Gespräch mit einer jüngeren Frau. Es war während eines Wochenendes in einer alternativen therapeutischen Ausbildung. Er malte ihr einige Argumente vor Augen, warum eine mögliche Beziehung gut funktionieren und passen würde. Sie fühlte sich so anerkannt und darin wahrscheinlich auch geliebt, dass eine potentielle Beziehung fast greifbar schien. Es war die Magie des Augenblicks, der ruhige Ausdruck in seinen Augen und die Energie, die sie spürte.

Er brauchte nur noch ein Zeichen zu geben, um anzudeuten, dass sie sich in ihr Zimmer zurückziehen könnten, und es würde geschehen. Das Gefühl, die verpasste Beziehung (er hatte ja schon eine feste Lebenspartnerin) doch für einen Moment Wirklichkeit werden lassen zu können, schien zu attraktiv, um dieses Angebot abzuschlagen.

Dabei hatten schon viele Frauen mit ihm so einen Moment erlebt. Er war eben ein Energie-Künstler, ein Magier, der die Kräfte für seine Zwecke einzusetzen wusste. Einmal sagte er uns, er hätte sich als Leiter einmal pudelwohl gefühlt, als er in die Runde schaute und feststellte, dass er mit jeder der Frauen geschlafen hätte.

8.3 Von der Wirklichkeit zur Wirksamkeit

Im griechischen Grundtext des Neuen Testaments ist der Begriff *Wahrheit* mit dem Wort *alätheia* angegeben. Es umfasst «das, was festen, gültigen Bestand hat; ferner Gerechtigkeit, Rechtschaffenheit, Zuverlässigkeit, Treue, Aufrichtigkeit, Ehrlichkeit, wirklichen Tatbestand, wahrheitsgemäße Aussage, rechte Lehre, rechten Glauben, vor allem aber göttliche Wirklichkeit.»[147]

Letzteres ist bestimmend für das biblische Verständnis der Wahrheit; nämlich «die Wahrheit als Wirklichkeit Gottes und Jesu Christi».[148]

Vor Pilatus erklärt sich Jesus Christus als königlicher Zeuge der göttlichen Wahrheit (Wirklichkeit). Damit gibt er Pilatus eine Chance, nachzufragen und die Wahrheit kennenzulernen. Seinen Jüngern sagt er ganz direkt: «Ich bin die Wahrheit» (Johannes 14,6).

Gott kann nicht lügen oder sogenannte Halbwahrheiten verkünden. Er sieht sozusagen stets den ganzen Blumenstrauß. Zwischen seinem Wesen einerseits und seinem Tun und Handeln andererseits besteht vollkommene Übereinstimmung. «Seine Verheißungen und Drohungen erfüllt er unbedingt.»[149] Er hat uns seine Wahrheit durch Propheten und Apostel zukommen lassen. Er ist in Jesus Christus sogar selber Mensch geworden.

Das *Neue Zeitalter* soll jedoch nicht mehr auf das biblische Verständnis ausgerichtet sein, da man der Meinung ist, es gehöre zu einer niedrigeren Ebene des Bewusstseins. Durch den evolutionären Bewusstseinssprung der Menschheit soll das Lesen und Studieren in der Bibel überflüssig werden. Der Mensch brauche nicht mehr **Wissen über Gott**, sondern müsse seine **eigene Göttlichkeit** erkennen und erfahren.

Diese könne durch das Interesse für Spiritualität und paranormale Phänomene geweckt und gefördert werden. Eine wichtige notwendige Hilfe sei außerdem die Vereinigung mit kosmischen Kräften.

Sensibilisierungstraining, Geistheilverfahren, verschiedene psychotherapeutische Methoden, Versenkungsmeditation, schamanische oder fernöstliche Entspannungs- und Heilmethoden, Atemübungen, bestimmte Nahrung und vieles andere mehr sollen nicht nur den Weg für die Öffnung universeller kosmischer Kräfte bahnen, sondern Menschen helfen, sich aus ihrer eingeschränkten Sicht der Realität zu befreien und bewusstseinserweiternde Erfahrungen zu machen.

Diese Erfahrungen bestätigen dann dem Praktizierenden das Vorhandensein eines «göttlichen» Kerns. Die «Erkenntnis» der eigenen Göttlichkeit, zusammen mit den Erfahrungen, ruft dann das Verlangen nach einem Mehr hervor und mündet laut Ferguson in eine Art Stufenweg (siehe Kapitel 5.3) zur Erlangung höherer Bewusstseinsebenen.

Jahnke *(The Healing Promise of Qi)* beschreibt dieses Verlangen nach einem Mehr im Umgang mit Qi. Wie bereits erwähnt, spricht er von drei Erfahrungsebenen, die er «Schätze» nennt: «... wenn wir einmal von einem der Schätze geschmeckt haben, sind wir bestrebt, mehr davon zu haben»[150] (siehe Kapitel 6.6).

Der Wunsch nach einem Mehr gehört zu unserer menschlichen Natur. Wenn er uns aber in übersinnliche Erfahrungen führt, die uns glauben lassen, wir seien selber göttlich, erkennen wir nicht mehr – wie Elia – unseren Stand vor Gott, sondern machen uns ihm gleich.

Die Frage, die sich jeder (auch ein Christ) stellen sollte, ist: Richtet sich das Bestreben nach einem Mehr auf eine Erkenntnis über Gott und eine Beziehung zu ihm, oder geht es um die eigene Weiterentwicklung zu persönlicher Macht und Wirksamkeit?

Gemäß Jahnke winken dem Qi-Gong-Praktizierenden nach dem Entdecken des letzten Schatzes Erfahrungen mit Wundern. Diese sind sowohl in fernöstlichen Religionen als auch in der Esoterik ein notwendiger Ausdruck eines hohen Bewusstseinsstandes. Der Einfluss dieses Gedankengutes führt inzwischen auch bei Christen immer häufiger zu der Meinung, sichtbare Wundertaten seien ein Zeichen intensiveren Glaubens oder einer größeren Vollmacht.

Die außergewöhnlichen Wirkungen *(energeia)* scheinen zu bestätigen, dass hier eine göttliche Kraft, ja sogar die direkte Kraft Gottes, am Werk ist. Auch wenn Gott hin und wieder durch Menschen Wunder wirkt, weist Jesus darauf hin, sich nicht allein auf die Berufung seines Namens zu verlassen. Es könne geschehen, dass in seinem Namen Wunderwerke vollbracht und Dämonen ausgetrieben würden, er aber trotzdem am Tag des Gerichts zu diesen Wundertätern sagen wird: «Ich habe euch niemals gekannt. Weicht von mir …!» (Matthäus 7,23).

Wie bereits erwähnt, wussten auch die Pharisäer, dass die Quelle für Wunderwirkungen aus widergöttlichen Kräften hervorkommen kann. Inzwischen wird jedoch kaum noch nach der Quelle der Macht *(exousia)* gefragt, sondern man meint: «Wenn es doch hilft?! Dann ist es mir egal, wo es herkommt.»

Das Motto des *Neuen Zeitalters* heißt: Wirksamkeit *(energeia)*!

9. Und Gott sendet eine Kraft …

Fast durchgehend lesen wir in der Bibel, dass das von Gott erwählte Volk Israel sich dazu verführen ließ, anderen Göttern zu dienen und ihnen Opfergaben darzubringen. Wenn es den Reichtum anderer Völker sah, führte es den Wohlstand auf die Wirksamkeit ihrer Götter zurück. Es meinte, Gottes Kraft würde nicht ausreichen, um ihren Mangel auszufüllen.

Gott aber ließ sie nicht fallen. Er ermahnte sie durch seine Propheten, erinnerte sie an seine eindrucksvollen Rettungstaten, bestätigte ihnen, dass sie seine Kinder seien und er für sie sorgen würde. Er gab ihnen wunderbare Verheißungen, die sich erfüllen würden, wenn sie ihm allein vertrauen würden, drohte ihnen aber auch mit Gerichten, wenn sie von ihm abweichen und anderen Göttern dienen würden. Immer wieder ließ er durch die Propheten rufen: «Ich bin der Herr und sonst keiner. Außer mir gibt es keinen Gott» (Jesaja 45,5).

Trotzdem kehrten sie nur selten von ganzem Herzen zu ihm um: häufig erst, nachdem er ihnen Feinde, Hungersnöte oder andere Plagen geschickt hatte. In ihrer großen Not schrien sie dann nach seiner Hilfe, und er erbarmte sich.

Nachdem Mose das Volk Israel durch Gottes mächtige Wundertaten aus der Sklaverei Ägyptens geführt und ihnen das Gesetz übermittelt hatte, sah er den zukünftigen Abfall seines Volkes voraus und sagte: «Da ward Jeschurun [das Volk Israel] fett und schlug aus. Du wurdest fett, dick, feist! Und er verwarf den Gott, der ihn gemacht, und verachtete den Fels seiner Rettung» (5. Mose 32,15).

Fett, dick und feist ist hier nicht unbedingt äußerlich gemeint. Es deutet vielmehr auf die geistliche Lage des Volkes hin. Das gute Leben in dem neuen Land wurde so selbstverständlich, dass sie Gott als den Geber kaum noch wahrnahmen. Ihre menschliche Natur verlangte nach mehr. Vielleicht Sinneseindrücke, ekstatische Erlebnisse oder das Bedürfnis, spirituell wirksam sein zu können. So fingen sie an, wie es in Vers 17 heißt, *zusätzlich* den Dämonen zu opfern, «die nicht Gott sind, Göttern, die sie nicht kannten, neuen, die erst vor kurzem aufgekommen waren, die ihre Väter nicht verehrten.»

Vergleichen wir das Volk Israel mit den nun christlich geprägten Völkern unserer Zeit, die einmal von der Wirklichkeit Gottes und seines Sohnes Jesus Christus überzeugt waren, dann finden wir eine ähnliche Situation.

Viele Menschen im Westen, besonders diejenigen, die in einer christlichen Tradition aufwuchsen, beklagen sich über Wirkungslosigkeit, über einen Mangel an spirituellen Erfahrungen. Sie beginnen über den Zaun zu schauen, wie der anfangs beschriebene Masseur. Plötzlich meint man zu entdecken, dass fernöstliche Religionen oder alte Kulte mit ihrem geheimen Wissen diesbezüglich viel reicher seien.

Nicht, dass man gleich die Religion wechseln möchte, aber aus dem Wunsch nach Erfahrungen, Ruhe und Gesundheit beginnt man allmählich, dieses und jenes auszuprobieren. Und siehe da, die Hoffnung auf Wirksamkeit scheint sich zu erfüllen. Das Ausüben entsprechender Praktiken, wie Zen-Meditation, Yoga oder Tai Chi, scheint spürbar neue Energie zu geben. So entsteht der Gedanke: «Wo Wirksamkeit ist, muss doch auch Wahrheit (Gott) sein!» Nach und nach verändert sich der Glaube an einen persönlichen Gott und nimmt Bezug zu einer unpersönlichen Kraft.

Irgendwann entwickelt sich sogar die Überzeugung von eigenen «göttlichen» Kräften, die mobilisiert und entfaltet werden können. Doch dazu braucht es Weisung. Gurus und spirituelle Lehrer geben nur zu gern ihr Wissen weiter und zeigen auf, was alles zum Wohlergehen und zum Empfang kosmischer Energie nötig sei. Ohne es zu bemerken, hat man bereits begonnen, spirituellen Kräften (Nicht-Göttern) zu dienen.

Und Gott? Wie ist nun seine Reaktion? Lässt er uns laufen, ruft oder ermahnt er uns? Schickt er uns Propheten oder Plagen? Will er uns Menschen zur Umkehr bewegen? Wenn ja, womit?

Als Autoren sind wir der Meinung, dass uns ein Vers im 2. Brief an die Thessalonicher eine klare, aber schockierende Antwort gibt: «Und deshalb sendet ihnen Gott eine wirksame Kraft *[energeia]* des Irrwahns, dass sie der Lüge glauben» (2. Thessalonicher 2,11).

Offensichtlich handelt es sich hier nicht – wie angenommen – um eine unpersönliche neutrale Kraft, sondern um eine Kraft *(energeia)*, die einen Zweck verfolgt, nämlich Menschen in einen *Irrwahn* zu führen, mit der Absicht, dass sie der *Lüge* glauben. Was für eine Kraft könnte sich dahinter verbergen?

Vielleicht erinnern Sie sich, liebe Leserin, lieber Leser, dass im spirituellen Gedankengut des *Neuen Zeitalters* immer wieder die Rede von einem *Es/Etwas* ist. Dieses *Es/Etwas* bewegte Menschen u. a. dazu, Bücher zu schreiben und Vorträge zu halten. Es wurde einerseits als unpersönliche Kraft, andererseits als persönlich und zielorientiert handelnd beschrieben. Ferguson konnte sich das *Es/Etwas* nur als einen **neuen Geist**[151] erklären. Sie wusste, dass eine übersinnliche Kraft bzw. Macht die bevorstehende Veränderung vorantrieb. Diese Kraft wollte das geheime Wissen alter Kulte neu beleben.

Kann es nun sein, dass der einzig wahre und allmächtige Gott eine Kraft oder sogar einen Geist sendet, die/der Menschen in die Irre führt und von ihm wegzieht? Wenn ja, warum? Die Antwort lautet: Gott hat einen Plan, den er durch diese Kraft verwirklicht.

9.1 Gottes Gericht über Ahab

Um zu verstehen, warum Gott solch einen Plan fasst und wie er ihn mit Hilfe eines Geistes durchführt, wollen wir einen Bericht aus dem Alten Testament der Bibel betrachten. Er gibt einen Einblick über die Geschehnisse in unsichtbaren himmlischen Welten.

Der gottesfürchtige König Joschafat von Juda besuchte Ahab, den König von Israel (Israel und Juda waren damals getrennte Königreiche). Ahab glaubte zwar an den Gott Israels, diente aber – durch den Einfluss seiner Frau Isebel – bereits seit mehreren Jahren heidnischen Göttern (Baalskult). Als Ahab Joschafat bat, mit ihm in den Kampf gegen die Stadt Ramot zu ziehen, war dieser bereit, wollte aber zuerst Gott befragen. Ahab rief daraufhin seine 400 Propheten, und alle prophezeiten ihm den Sieg. Joschafat erkannte offensichtlich, dass diese Propheten nicht einzig und allein Gott dienten, denn trotz ihrer positiven Aussagen verlangte er nach einem Propheten *des Herrn.* Daraufhin wurde Micha geholt. Nachdem er ausdrücklich gesagt bekam, im Namen Gottes nur die Wahrheit zu reden, verkündete Micha, dass König Ahab in dem geplanten Kampf getötet werden würde.

Als Ahab über diese negative Prophetie aufgebracht reagierte, sagte Micha weiter: «Darum höre das Wort des Herrn! Ich sah den Herrn auf seinem Thron sitzen, und das ganze Heer des Himmels stand um ihn, zu seiner Rechten und zu seiner Linken. Und der Herr sprach:

Wer will Ahab betören, dass er hinaufzieht und bei Ramot in Gilead fällt? Und der eine sagte dies, und der andere sagte das. Da trat der Geist hervor und stellte sich vor den Herrn und sagte: *Ich* will ihn betören. Und der Herr sprach zu ihm: Womit? Da sagte er: Ich will ausgehen und will ein Lügengeist sein im Mund aller seiner Propheten. Und er sprach: Du sollst ihn betören und wirst es auch können. Geh aus und mache es so! Und nun, siehe, der Herr hat einen Lügengeist in den Mund all dieser deiner Propheten gegeben, denn der Herr hat Unheil über dich geredet» (1. Könige 22,19–23).

Die genannten 400 Propheten waren davon überzeugt, dass sie eine Botschaft Gottes weitergaben. Es heißt, dass sie alle weissagten und sich sogar in Verzückung (einem ekstatischen Bewusstseinszustand) befanden. Diese Ekstase vermittelte ihnen den Eindruck, dass sie unter dem Einfluss des Geistes Gottes standen. Darum schlug einer dieser Propheten dem Micha erbost auf die Wange und meinte: «Auf welche Weise ist denn der Geist des Herrn von mir gewichen, um mit dir zu reden?» (1. Könige 22,24).

Michas Schau hatte diese Frage schon beantwortet: Gott hatte den Lügengeist gesandt: *Geh aus und mache es so!* Der Lügengeist war Teil seines Gerichtes über Ahab. Gott wollte, dass dieser bei Ramot in Gilead fiel; denn als Herrscher hatte Ahab durch sein gottloses Handeln gleichzeitig das ganze Volk verführt.

Schon verschiedene Male hatte Gott ihn durch die Propheten Elia und Micha gewarnt und ihm wegen seines Götzendienstes Unheil verkünden lassen. Selbst als Gott eine dreijährige Dürre über das Land kommen ließ, war Ahab nicht zur Umkehr zu bewegen.

Nun sandte Gott einen Lügengeist, dem Ahab nur zu gerne glauben wollte. Denn ohne es zu wissen, hatte er sich durch seinen Götzendienst bereits unter dessen Einfluss begeben und sich vom Gott Israels entfernt. Er hatte es sogar geschehen lassen, dass seine Frau die Propheten Gottes töten ließ.

Ahab zog ungeachtet der Warnung in den Kampf, sicherte sich jedoch ab, indem er sich unkenntlich machte. Trotzdem kam Gottes Plan zustande: *«Und ein Mann spannte den Bogen aufs Geratewohl und traf den König von Israel zwischen die Tragbänder des Panzers und den Panzer»* (1. Könige 22,34).

Wer war nun dieser Lügengeist, dem Gott die Erlaubnis gab, solchen Einfluss auf die Gedanken und Handlungen von Menschen zu nehmen? Es kann niemand anders als Satan gewesen sein; denn er wird in der Bibel als Vater der Lüge bezeichnet (Johannes 8,44).

Dieser Satz ruft vielleicht bei manch einem von Ihnen, liebe Leserin, lieber Leser, Empörung hervor. So etwas soll Gott tun? Gott soll doch Liebe sein! Und Satan, ein Widersacher Gottes – gibt es den überhaupt?

Wie wir bereits mehrfach erwähnten, berichtet die Bibel eindeutig von ihm, auch wenn seine Existenz von Vordenkern und Anhängern des Gedankengutes des *Neuen Zeitalters* als ein altes Denkmuster zurückgewiesen wird. Wilber geht sogar so weit zu sagen: Menschen, die der biblischen Vorstellung glauben, seien als Widersacher abzulehnen.

10. Gottes Plan

Gemäß der Bibel sendet Gott zwar eine lügenhafte Kraft, sie soll jedoch nicht in erster Linie dazu dienen, Menschen in die Irre zu führen. Er setzt bereits – wie bei Ahab – alles daran, Menschen von falschen Wegen abzuhalten. In Geschichte und Gegenwart wählt er z. B. immer wieder Menschen aus und bevollmächtigt sie, damit sie seine Gegenwart, Liebe und Gnade bezeugen und seinen Willen verkünden. Es ist sein Wunsch und auch sein Plan, eines Tages mit seinen Kindern für ewig in seinem Reich zusammen zu sein. Warum sendet er trotzdem eine wirksame Kraft des Irrwahns, damit die Menschen der Lüge glauben?

Wie wir im Verlauf dieses Buches berichteten, wehren sich offensichtlich viele Menschen massiv dagegen, Gott als den einzig wahren, ganz persönlichen Schöpfer anzuerkennen. Damit nicht genug, sie möchten sogar die Menschen glauben lassen, sie seien selber Gott.

Wenden wir uns noch einmal König Ahab zu. Er kannte das Gebot Gottes: «Du sollst keine anderen Götter haben neben mir» (2. Mose 20,3). Aufgrund der Warnungen der Propheten hätte er Gelegenheit gehabt, den heidnischen Göttern, denen er auf Altären Opfergaben darbrachte, abzusagen. Er hätte Buße tun und Gott um Vergebung bitten können. Warum er sich trotzdem gegen Gott und sein Gebot entschied, ist unbekannt.

Vielleicht bewunderte er seine Frau Isebel. Sie hing den heidnischen Göttern an und bezog ihre Kräfte aus ihnen. Es schien eine große Macht von ihr auszugehen. Vielleicht hätte er sich gewünscht, in seiner Persönlichkeit ebenso stark zu sein wie sie. Vielleicht glaubte er, andere Götter seien mächtiger, in ihrer Gesinnung zu ihm leichter manipulierbar. Vielleicht glaubte er auch, Gott sei in allem Geschaffenen, und betete deshalb die Sonne, den Mond, die Sterne und die Natur an.

Sein Glaube baute auf den Sünden seiner Vorfahren auf, die mit König Jerobeam begannen. Dieser ließ zwei goldene Kälber anfertigen und verführte das Volk, indem er sagte: «Siehe Israel, dies sind deine Götter, die dich aus dem Land Ägypten herausgeführt haben» (vgl. 1. Könige 12,28). Er könnte sogar gemeint haben, sich mit ihrer

Hilfe selbst zu einem Gott erheben zu können, wie dies bei Herrschern heidnischer Kulturen häufiger der Fall war.

Die Gründe für sein Verhalten sind für Gott offensichtlich nicht von Bedeutung, sonst wären sie in der Bibel erwähnt. Ahabs dauerhaft ablehnendes Verhalten und die Verführung seines Volkes sind Grund genug für Gott, sein angekündigtes Gericht auszuüben. Hieran ist Gottes Gerechtigkeit, aber auch seine Fürsorge zu erkennen. Denn erst das Erschrecken über das vollzogene Gericht weckt das Volk für die Erkenntnis seiner Macht. Er bietet ihnen somit die Möglichkeit der Umkehr.

Bevor Gott nun seinen endgültigen, in der Bibel angekündigten Plan, nämlich die ewige Vereinigung mit seinen Kindern, Wirklichkeit werden lässt, spricht er von einem bevorstehenden Gericht. Diesem Gericht gehen Warnungen voraus und – ähnlich wie bei Ahab – die Sendung einer Kraft, die ebenfalls als Lügengeist bezeichnet werden kann; denn dieser Geist handelt zielgerichtet und ist somit nicht nur eine unpersönliche Kraft. Er bewirkt, dass Menschen einer Lüge glauben.

Es handelt sich hier nicht um irgendeine Lüge, denn es heißt: «dass sie *der* Lüge glauben» sollen. Hiermit kann eine Lüge gemeint sein, auf der alle Lügen aufbauen. Sozusagen die Urlüge.

Mit der Sendung einer Kraft *(energeia)* liegt Gottes Absicht nun darin, dass «alle gerichtet werden, die der **Wahrheit** nicht geglaubt, sondern Wohlgefallen gefunden haben an der Ungerechtigkeit» (2. Thessalonicher 2,12).

10.1 Die Lüge in Ablehnung des wahren Gottes

Der Sendung einer wirksamen Kraft *(energeia)* und dem darauffolgenden Gericht geht also voraus, dass Gott die **Wahrheit** bekannt gegeben hat. Doch die Menschen haben der **Wahrheit** nicht geglaubt. Er offenbarte sie durch die Propheten, durch das Wort der Bibel, durch seinen Sohn Jesus Christus, lehrte sie durch die Apostel und bezeugt sie heute durch Christen, die einen lebendigen Glauben haben.

Wenn die Wahrheit aber nicht geglaubt wurde oder nicht geglaubt wird, muss die Lüge aktiv sein, denn die Menschen haben der Lüge geglaubt oder glauben ihr auch heute. Gott zwingt niemanden, an ihn als die Wahrheit zu glauben. Er gibt den Menschen die Wahlmöglichkeit: Wahrheit oder Lüge.

Auch Ahab hatte die Wahl. Er kannte die Geschichte Israels. Er wusste, durch welche großen Wundertaten Gott sein Volk aus der Sklaverei Ägyptens befreit hatte. Es war ihm bekannt, dass er ihnen durch Mose das Gesetz gegeben hatte. Die Propheten wiesen ihn immer wieder darauf hin, dass es gegen den Willen Gottes war, sich vor selbst angefertigten Götterbildern niederzuwerfen. Er hätte ihnen glauben und nach Gottes Willen handeln können.

An Ahab ist zu erkennen, dass die Lüge, oder besser gesagt: der Lügengeist, bereits bei ihm wirksam war, bevor Gott diesen Lügengeist sandte. Indem Ahab sich vor anderen Göttern niederwarf, hatte er sich diesem Geist schon längst unterworfen.

Mit der speziellen Sendung des Lügengeistes übte Gott sozusagen Gericht über Ahabs eigener Entscheidung gegen ihn aus.

Kann diese Geschichte auf unsere heutige Zeit übertragen werden? Welche Lüge spricht heute gegen die Wahrheit?

Wie bereits gesagt, ist gemäß der Bibel die absolute Wahrheit hinter der Schöpfung niemand anders als der Schöpfer selbst.[152] Dieser Gott steht nicht nur in Verbindung mit der Wahrheit, er **ist selbst** die absolute Wahrheit. Deswegen ist auch alles, was mit ihm zusammenhängt oder aus ihm hervorgeht, Wahrheit: sein Sohn, sein Wort und sein Geist.[153] Demnach ist die Ablehnung der Existenz des persönlichen Schöpfer- und Erlöser-Gottes die Urlüge.[154]

Diese Ablehnung oder Urlüge zeigt sich in verschiedenen Gesichtern, wie im Atheismus oder im Buddhismus. In Psalm 10,4 heißt es: «Der Gottlose denkt hochnäsig: ‹Es ist kein Gott!›, sind alle seine Gedanken.»

Die Ablehnung der Wirklichkeit oder Wahrheit Gottes findet sich auch in dem Gedanken, Gott sei eine unpersönliche Kraft, die in allen Dingen vorhanden sei. Der Mensch könne sich für sie öffnen, sie somit für seine Zwecke manipulieren und letztendlich Gott sein.

Die Ablehnung des Schöpfer- und Erlösergottes gipfelt in der Aussage: «Ich bin Gott» (siehe Kapitel 5.3). In ihr ist das Gottes-, Menschen- und Weltbild des *Neuen Zeitalters* auf die Spitze getrieben.

Wie wir mehrfach erwähnten, sollen alle spirituellen, esoterischen und fernöstlichen Methoden einen Prozess des «Erwachens» in die Wege leiten und zu dem Ziel führen, sich von der Idee eines vom Menschen getrennten personhaften Gottes zu lösen und durch die Vereinigung mit kosmischen Energien die eigene «Göttlichkeit» zu erkennen. Das, was als eine hohe spirituelle Erkenntnis gesehen wird, nennt die Bibel in Psalm 53,2 jedoch *Torheit*. Es heißt dort: «Der Tor spricht in seinem Herzen: ‹Es ist kein Gott!›»

10.2 Folgen der Urlüge

Wenn die Schlange zu Adam und Eva gesagt hätte: «Es gibt keinen Gott!», hätten sie wahrscheinlich empört reagiert und gesagt: «Wir begegnen Gott täglich und wissen sicher, dass er da ist.» Darum setzte sie eine Lüge ein, um zu ihrem Ziel zu kommen, nämlich die Menschen von Gott zu trennen. In ihrer Lüge stritt sie zwar nicht die Existenz Gottes ab, wohl aber seine Aufrichtigkeit, d. h. sie stellte die Wahrheit seiner Aussage in Frage. Als der Zweifel gesät war, ging kurz darauf die Saat auf.

Viele Menschen würden heute immer noch sagen: «Ich glaube an Gott.» Sie sehnen sich vielleicht sogar nach einer Erfahrung mit ihm. Sobald sie aber die Möglichkeit haben, sich über ihn zu informieren, wehren sie dankend ab.

Nach unseren Vorträgen sprechen wir häufig mit Menschen über die Frage: Wie wird man ein Kind Gottes?

Miriam:

«Bist du Christin?», fragte Martin eine junge Frau nach einem unserer Vorträge. «Ja», antwortete Miriam ohne viel Begeisterung. Wie sich dann herausstellte, meinte sie damit, getauft und konfirmiert zu sein und der Kirche anzugehören. Über Gott wolle sie gerne reden. Sie glaube, dass es ihn gebe, und für wenige Augenblicke habe sie sogar schon das Gefühl einer göttlichen Einheit erlebt. Mit Jesus Christus könne sie allerdings nicht viel anfangen.

Nachdem Martin ihr seine Verwunderung darüber bekundete, dass sie sich Christin nannte, ohne Jesus Christus zu kennen, fragte er: «Darf ich dir ein paar Verse aus der Bibel zeigen, die etwas darüber aussagen, wann je-

mand ein Kind Gottes (Christin) genannt werden kann?» Etwas zögernd, aber doch auch neugierig, stimmte sie zu.

Martin schlug seine Bibel auf und zeigte Miriam den zwölften Vers im ersten Kapitel des Johannes-Evangeliums. Er bat sie, ihn vorzulesen: «So viele ihn [Jesus Christus] aber aufnahmen, denen gab er das Recht, Kinder Gottes zu werden, denen, die an seinen Namen glauben.»

«Wie wird man nun ein Kind Gottes?», fragte er. Miriam schaute etwas verstört in die Luft, und nach einiger Zeit sagte sie zögernd: «Durch die Taufe.»

Geduldig wies Martin sie noch einmal auf den Vers hin und bat sie, es nochmals zu lesen. «Was steht da? Wie können wir Kinder Gottes werden?» Der letzte Teil schien sie anzusprechen: «... denen, die an seinen Namen glauben.» So antwortete sie auch diesmal ohne jegliche Begeisterung: «Wir müssen glauben.»

«Ja, richtig», sagte Martin, «aber was kommt vor dem Glauben? Lesen wir es noch einmal.» Endlich verstand sie und meinte: «Wir müssen ihn – Jesus – aufnehmen.»

«Hast du das bewusst und willentlich getan?», fragte Martin. Nein, das habe sie nicht. Auf die Frage, ob sie nun ein Kind Gottes sei, bekannte sie: «Laut dieser Definition nicht.»

«Willst du es dann werden?», fragte Martin. Dazu sei sie noch nicht bereit, äußerte sie in aller Klarheit.

Für immer mehr Menschen ist der Glaube an Gott tote Theorie. Vielleicht sind sie – wenn überhaupt – von Menschen gelehrt worden, deren Glaube ebenfalls nur Theorie oder Wissenschaft war, aber nicht in eine lebendige Beziehung zu Jesus Christus mündete. Ohne diese lebendige Beziehung bleibt die Bibel jedoch ein Weisheits- oder ein längst überholtes Gesetzbuch.

Der Mangel an Wissen über die Wirklichkeit bzw. Wahrheit Gottes führt zu Orientierungslosigkeit, innerer Leere und im schlimmsten Fall zur Leugnung. Gott hat aber in seinem Wunsch nach Gemeinschaft mit den Menschen die Sehnsucht nach ihm in ihr Herz gelegt. Doch die Saat der Lüge des *Neuen Zeitalters* über das Gottes-, Menschen- und Weltbild der Bibel ist schon aufgegangen. Immer mehr Menschen verneigen sich vor den Angeboten heidnischer Kulte und Religionen, die aus dem Bereich des Kosmos schmackhaft gemacht werden.

Durch die Einführung der Evolutionstheorie als allgemeingültige Wahrheit wurde Gott zuerst als Schöpfer abgelehnt. Nun wird er durch esoterische und fernöstliche Lehrmeinungen auch noch als Erlöser verneint, indem man erklärt: Es gibt keine Sünde. Es gibt keine Trennung von Gott.

Wilber behauptet sogar in seinem Buch *Halbzeit der Evolution*: «Das Essen vom Baum der Erkenntnis war als solches nicht die Erbsünde. Es bedeutete den Erwerb von Selbstbewusstsein ... Sie [Adam und Eva] wurden nicht aus dem Garten Eden vertrieben; sie wurden erwachsen und verließen ihn freiwillig. (Übrigens sollten wir Eva für diese mutige Tat danken, statt sie zu schelten.)»[155] An der Bibel gemessen ist diese Aussage eine klare Lüge.

Die Leugnung der Sünde zieht zwangsläufig die Ablehnung von Jesu Versöhnungstat am Kreuz nach sich. Bei Esoterikern oder bei Personen, die fernöstliches Gedankengut zugrunde legen, ist dies verständlich. Ihre Ablehnung liegt in ihrem Glauben, diese Welt sei entweder nur Illusion, oder ihr Sein bestünde aus der Verbindung mit der göttlichen Quelle.

Seit einiger Zeit kommt diese Ablehnung jedoch auch immer mehr bei Menschen vor, die in Büchern und Vorträgen über den biblischen Gott sprechen und sich klar als Christen bezeichnen. Anselm Grün schreibt z. B.: «In manchen Köpfen schwirrt noch immer die Idee herum, dass Gott seinen Sohn sterben lässt, um unsere Sünden zu vergeben. Doch was ist das für ein Gott, der den Tod seines Sohnes nötig hat, um uns vergeben zu können?»[156]

Wo Jesu Tod am Kreuz als nicht mehr notwendig zu unserer Erlösung gesehen wird, kommt man schnell zu der Annahme: «Vielerlei Wege (Religionen) führen zu Gott, nicht nur ein einziger.»[157] Dieser Satz könnte die Standardaussage eines Esoterikers sein, ist jedoch die Meinung eines Theologen.

Jesus selbst sagt dagegen: «Ich bin der Weg und die Wahrheit und das Leben. Niemand kommt zum Vater als nur durch mich» (Johannes 14,6).

11. Folgen der Ausübung esoterischer Praktiken

Elke:

Nachdem ich längere Zeit täglich meditiert, mich mit Astrologie und Tarotkarten beschäftigt, Yoga und Fantasiereisen zu meiner Entspannung gemacht, zahlreiche Selbsterfahrungskurse besucht, mich mit spiritueller Heilung befasst und Bücher über das geheime Wissen der Hexen, Schamanen, Kelten und Ägypter gelesen hatte, stellten sich bei mir bestimmte Phänomene ein.

Einerseits wurde ich viel selbstsicherer und bekam eine sehr anziehende Ausstrahlung. Ich war ja der Meinung, etwas Besonderes zu sein und mich auf einem höheren Weg zu befinden als die meisten Menschen. Hellsichtige Menschen meinten mich von einer wunderbaren Aura umgeben oder einem lichtvollen Engel begleitet zu sehen.

Andererseits hatte ich sehr viel mit Ängsten zu tun. Ständig war ich bei irgendeinem Therapeuten, um meine inneren Blockaden zu lösen, die durch die Erziehung meiner Eltern entstanden sein sollten und die mich in meiner Entwicklung immer wieder zu behindern schienen.

Um Körper, Geist und Seele für die Vereinigung mit der kosmischen Energie zu reinigen, achtete ich zusätzlich auf meine Ernährung, machte Atemübungen, versuchte mich von Menschen mit schlechten Energien fernzuhalten, zündete Räucherstäbchen an oder benutzte zur Reinigung meiner Aura ätherische Öle.

Jede unverhoffte Situation in meinem Leben – positiv oder negativ – wurde genau analysiert, um herauszufinden, was ich daraus zu lernen hatte für meine weitere Entwicklung. Alles im Leben bekam schließlich eine spirituelle Bedeutung.

Eines Tages kam z. B. ein Freund zu mir und berichtete von dem Diebstahl seiner Aktentasche auf dem Bahnhof Düsseldorf. Er sah es als ein Missgeschick, das durch seine Unachtsamkeit geschehen war. Ich war jedoch gelehrt worden, es gebe keine zufälligen Missgeschicke. Darum schlug ich ihm vor, zu einer Wahrsagerin zu gehen, um den wirklichen Grund für den Diebstahl zu erfahren. Vielleicht gab es noch irgendwelche Blockaden in seiner Seele, die diese Situation herbeigeführt hatten und aufgeräumt werden mussten. Es hieß ja, bei entsprechendem Bewusstseinsstand könne man sein

Schicksal selbst bestimmen und solche dummen Fehler würden nicht mehr vorkommen.

Als ich wieder einmal bei meinem Therapeuten war, unterbrach er mich nach längerer Schilderung meiner Probleme und sagte: «Mir fällt auf, dass du sehr häufig das Wort ‹muss› gebrauchst. Was zwingt dich, alles Mögliche tun zu müssen?» Verdutzt schaute ich ihn an und stellte fest, dass seine Beobachtung der Wahrheit entsprach. Den Grund für diese unbewusste Haltung konnte ich mir allerdings nicht erklären; denn ich hatte das Gefühl, alle meine Anstrengungen zu meiner Bewusstseinsentwicklung freiwillig zu leisten.

Wohl bemerkte ich ein gewisses Getriebensein, führte es aber nur auf meine zahlreichen Termine zurück. Denn zu meiner Selbstverwirklichung gehörte auch, dass ich neben der Versorgung meiner Familie, unseres Hauses und des großen Gartens noch ein Studium und eine psychotherapeutische Zusatzausbildung absolvierte.

Ich wollte auf eigenen Füßen stehen und weder finanziell noch spirituell von meinem Mann abhängig sein. Darum richtete ich mir in unserem Haus ein eigenes Zimmer mit einem kleinen Altar ein. Dort traf ich mich später auch mit meinen Klienten.

Mein Mann fragte mich einmal, ob ich nicht endlich mit all meinen Kursen und Ausbildungen aufhören könne. Dies schien mir jedoch schier unmöglich zu sein; denn immer wenn ich meinte: Nun habe ich gefunden, wonach ich suche, bot sich wieder etwas Neues an. Das alles kostete nicht nur enorm viel Zeit, sondern auch sehr viel Geld.

Geld spielt im Leben und in der Spiritualität des Neuen Zeitalters eine große Rolle. Zu unserer Ausbildung gehörte z. B. auch ein Geld-Seminar. Der Hauptgedanke war: ***Geld ist Energie!*** *Nach dem Motto: Strömt die Energie – strömt auch das Geld! Im Rahmen dieses Seminars lernten wir, dass uns das Geld – ebenso wie die kosmische Energie – zur Verfügung stehe. Wir bräuchten uns z. B. nur vor unserem geistigen Auge eine bestimmte Summe vorzustellen und sie durch unsere Hände fließen zu lassen. Außerdem wurden wir gelehrt, dass wir persönlich sehr viel wert seien und somit eine therapeutische Beratung auch ihren Preis habe.*

Inzwischen hat sich durch den Einfluss des fernöstlichen und esoterischen Gedankengutes ein **riesiger Markt** entwickelt, der wirtschaftlich gesehen aus unserer Gesellschaft nicht mehr wegzudenken ist. Er umfasst **alle Bereiche des Lebens**, von der Börse, dem Management, der Architektur, der Umwelt, der Wissenschaft, den Schullehrplänen, dem Sport- und Freizeitangebot, über die Ernährung zur Entspannung bis zum ganzen Bereich der Gesundheit. Selbst in der Politik spielen sowohl Angebote als auch der Einsatz kosmischer Energien inzwischen eine Rolle.

Die Hauptargumente für eine Nutzung der Angebote beziehen sich auf die Notwendigkeit der Entfaltung des menschlichen («göttlichen») Potentials, auf Heilung, Selbstverwirklichung und auf den Empfang spiritueller Kräfte bzw. Energien. Hinzu kommt der ganze Bereich der Wahrsagerei.

Alle Angebote versprechen, auf besonderem oder geheimem Wissen zu basieren und zu einem Leben mit außergewöhnlichen Kräften zu führen. Aus diesem Grunde sind auch ihre Preise entsprechend.

Da zum esoterischen und fernöstlichen Gedankengut auch der Glaube an Reinkarnation (Wiedergeburt) gehört, dauerte es nicht lange, bis sich diese Theorie bei mir als Wahrheit zu erweisen schien. Ich meinte, in den unterschiedlichsten Situationen immer wieder Bilder oder Erinnerungen aus vorherigen Leben zu sehen.

Als nach Jahren therapeutischer Behandlung bestimmte Probleme immer noch auftraten, begann ich Sitzungen bei einem Reinkarnationstherapeuten zu nehmen. Er führte mich durch Trancen und Fantasiereisen in vermeintliche frühere Leben. Die Bilder und Ereignisse, die vor meinem inneren Auge entstanden, kamen mir absolut real vor. Sie schienen meine momentanen Probleme so gut zu erklären, dass ich tatsächlich glaubte, sie seien so geschehen.

Einerseits boten sie mir zwar eine Lösung an, andererseits verleiteten sie mich dazu, die Beziehungen zu den Personen, mit denen ich Schwierigkeiten hatte, vom Hintergrund meiner «Erfahrungen» her zu beurteilen, wodurch ich diese Personen mit einer vorgefassten Meinung behandelte.

Die vielen Wahrnehmungsübungen machten mich immer offener für das Spüren von – wie es hieß – feinstofflichen Energien. Dies führte, wie ich bereits in Kapitel 8.2 erwähnte, zu Hellfühligkeit und sogar zur Hellsichtigkeit. Ich setzte dies bei meinen Klienten ein, ohne dass sie davon wussten, und betrachtete es als eine Entwicklung meiner göttlichen Fähigkeiten.

Zu meiner Bewusstseinsentwicklung gehörte es auch, in Einheit mit der Natur zu leben. Dazu gingen wir – zwei Freundinnen und ich – z. B. nachts in den Wald und hielten auf einer Lichtung Vollmondrituale ab. Wir hofften, dadurch die Kraft des Mondes zu empfangen. Wegen unserer Verbundenheit mit der Natur, dem Interesse an dem geheimen Wissen alter Kulte und dem Wunsch, sowohl Menschen als auch die Erde zu heilen, nannten wir uns (weiße) Hexen, denn wir waren überzeugt, dass die Hexen des Mittelalters über ein geheimes Wissen verfügten und damit ihrer damaligen Zeit voraus waren.

Zu einer richtigen Hexe gehörte natürlich auch der Tanz. Er sollte Energien, aber auch Blockaden im Körper freisetzen. Für diesen Zweck schienen Bewegungen nach afrikanischer und indischer Trommelmusik eine sehr gute Möglichkeit zu bieten. Um meine weibliche Sinnlichkeit zu fördern, belegte ich außerdem einen Bauchtanz-Kurs.

Menschen, die mit mir in Kontakt kamen, meinten, ich würde sehr viel Licht ausstrahlen. Sie wussten allerdings nicht, dass ich zu Hause von einem Moment zum anderen in ein tiefes Loch fallen konnte. Manchmal hatte ich Weinanfälle, obwohl es eigentlich keinen Grund dazu gab. Eine Zeitlang kämpfte ich massiv mit Depressionen.

Der trostlose Zustand der Welt, die zerstörten Menschen und meine Hilflosigkeit machten mir immer mehr zu schaffen. Nachts wurde ich hin und wieder von Alpträumen und dunklen, schemenhaften Gestalten in meinem Zimmer geweckt. Sogar mein Mann hörte ab und zu Schritte in unserem Haus und das Geräusch von Türen, die auf- und zugingen.

Ich konnte mir nicht erklären, woher diese Dinge kamen. Natürlich sprach ich mit meinem Therapeuten über die nächtlichen Gestalten, die hin und wieder an meinem Bett standen. Er erklärte mir, es seien meine dunklen Anteile in mir, die mir als eine Art Vision erschienen. Ich müsse sie annehmen und integrieren, da sie zu mir gehörten.

Andere sagten mir, es handele sich tatsächlich um dunkle Mächte. Da ich aber noch nicht weit genug in meiner Entwicklung sei, könnten sie mich noch ängstigen. Um sie abzuwehren, sollte ich ein Schutzzeichen tragen oder einen Lichtkreis um mich herum ziehen. Ich merkte jedoch, dass dies nicht wirklich half.

Heute weiß ich, dass die beschriebenen Phänomene Realität waren. Ich hatte den unsichtbaren Wesen des Kosmos, die ich für göttlich hielt, durch meine spirituellen Methoden Tür und Tor geöffnet. Sie gaben mir mittels geheimer Lehren in Form von positiver Ausstrahlung und übernatürlichen Fähigkeiten das Gefühl, auf einem höheren Weg zu sein. Doch dann zeigten sie mehr und mehr ihr wahres Gesicht. Um mich aber auf dem Weg zu halten, gab es für alles eine psychische oder spirituelle Erklärung.

Nachdem ich Martin kennengelernt hatte und zu ihm nach Amsterdam gezogen war, meinte ich am Ziel meiner Wünsche angekommen zu sein. Martin hatte dort ein Therapiezentrum auf einem Schiff, wo wir zusammen arbeiteten.

Als nach ein paar Monaten im Bauch des Schiffes plötzlich ein Brand ausbrach, waren wir uns einig, es zu verkaufen und vorläufig nicht mehr in unseren Berufen weiterzuarbeiten. Unsere Arbeit erfüllte uns nicht mehr. Wir merkten, dass wir den Menschen zwar hier und da helfen konnten; sobald es aber um tiefe Schuld ging, kamen wir nach kurzer Zeit an unsere Grenzen. Zwar konnten die Hilfesuchenden ihre Wut oder Trauer herausschreien, weinen oder sich durch das Schlagen auf eine Matratze abreagieren, dies führte aber nur zu einer kurzzeitigen Erleichterung.

Nach unseren heutigen Erkenntnissen liegt ein Grund für diese Grenzen in der Aberkennung der Schuld; denn sowohl esoterische als auch fernöstliche Lehren lehnen das Thema «Schuld» ab. Im fernöstlichen Denken wird jedes Geschehen auf Handlungen vorheriger Leben zurückgeführt und «Karma» genannt. In der Esoterik glaubt man, jeder Mensch müsse einmal alles, was es in dieser Welt gibt (vom Opfer bis zum Täter) in irgendeinem Leben mitgemacht haben, um daraus zu lernen und sich weiterzuentwickeln.

Ein weiterer Grund für unsere begrenzten therapeutischen Möglichkeiten im Umgang mit Schuld lag in der nicht vorhandenen Möglichkeit, mit Jesu Hilfe zu vergeben. Häufig waren die Verletzungen so tief, dass Vergebung menschlich gesehen unmöglich war, selbst bei bestem Willen dazu. Nur wer sich gewiss ist, dass Jesus Christus auch für diese Schuld (und natürlich auch für die eigene) freiwillig am Kreuz gelitten hat, um dadurch Versöhnung mit Gott zu bewirken, der ist fähig, in Jesu Namen Vergebung auszuüben.

Nachdem wir tatsächlich das Schiff verkauft hatten, begaben wir uns auf eine Weltreise und wurden – wie wir zu Beginn dieses Buches berichteten – in Australien in eine Kirche eingeladen, wo eine Frau uns nach dem Gottesdienst Gebet anbot. Als die Frau betete, spürte ich die Anwesenheit einer unsichtbaren Macht und wusste, dass sie größer war als alle Mächte, die ich bis dahin kennengelernt hatte.

Zwar hatte ich die Macht energetischer Kräfte gespürt – auch mit meinem «Engel» und spirituellen Führer hatte ich Begegnungen gehabt. Ich kannte Medien, durch deren Mund die Geisterwelt sich offenbarte, und ich kannte meine nächtlichen Besucher. Auch während meiner Meditationen hatte ich häufiger die Anwesenheit unsichtbarer Wesen wahrgenommen. Doch in diesem Moment wusste ich, diese Macht kenne ich noch nicht. Sie schien mich jedoch durch und durch zu kennen.

Ich begann zu weinen, denn ich ahnte, es konnte nur Gott sein, der hier anwesend war. Seine heilige Gegenwart ließ mich erkennen, dass mein damaliges Leben nicht seinem Willen entsprach. Trotzdem schien er mir eine große Liebe entgegenzubringen.

Als die Frau mich dann fragte, ob ich Jesus Christus mein Leben anvertrauen und seine Vergebung für mich in Anspruch nehmen wolle, konnte ich nur noch «Ja» sagen. Erst danach wurde mir bewusst, dass ich zwar irgendwie an Gott geglaubt, aber seine Versöhnungstat in und durch Jesus Christus vollkommen abgelehnt hatte.

Nachdem ich meine Bereitschaft bekundet hatte, mich künftig von Jesus führen zu lassen, erfüllte er mich mit Frieden und Liebe, die bis heute in meinem tiefsten Innersten vorhanden sind. Auch Martin lud kurz darauf Jesus in sein Leben ein (Ausführliches darüber in seinem Buch «Ich war Buddhist»).

Es gab noch viele Kämpfe mit den Kräften der unsichtbaren Welt. Sie wollten uns verunsichern und uns nicht so einfach gehen lassen. Einmal ging es uns so schlecht, dass wir daran zweifelten, wirklich die Wahrheit gefunden zu haben, so dass wir sogar überlegten, wieder alte Wege zu gehen.

In der Esoterik hatte ich gelernt: Sobald ich mein Ziel erreicht haben würde, nämlich die Selbst- oder Gottverwirklichung, hätte ich nie mehr Probleme, sondern würde «nur noch heiter und glücklich» sein.[158]

Aber wieder zeigte Gott, dass er ein persönlicher Gott ist, und führte uns zu Menschen, die uns aufklärten und uns halfen, so dass wir ganz sicher wurden, am Ziel unserer Sehnsucht angekommen zu sein und die richtige Entscheidung getroffen zu haben.

Seit meiner bewussten Entscheidung für Jesus Christus wurde ich nie wieder (wie in Kapitel 6.3 berichtet) aus meinem Körper gezogen, auch meine depressiven Anfälle verschwanden.

Zu meinem Schrecken las ich später in der Bibel, dass Wahrsagerei durch einen unreinen Geist vermittelt wird und sie deshalb für Gott ein Gräuel ist. Da ich aber nur noch auf den Geist Gottes hören wollte, bat ich Gott um Vergebung und sagte mich im Namen Jesu von der Wahrsagerei los. Daraufhin verließ mich meine bis dahin sogenannte «Fähigkeit».

Auch alle anderen okkulten Aktivitäten, wie das Legen von Tarotkarten, meine rituelle Verehrung des Mondes und vieles mehr, lieferte ich Jesus im Gebet aus. Nichts sollte mehr zwischen ihm und der Beziehung zu mir stehen. Nach meiner Hingabe an Jesus tauchten nie wieder die sogenannten «Bilder von Geschichten aus vorherigen Leben» in mir auf.

Heute weiß ich, dass mir diese Geschichten aus der unsichtbaren Welt eingegeben wurden; denn ich war offen für das Empfangen kosmischer Botschaften und innerer Bilder. Trotzdem konnte ich mich von dem Glauben an Reinkarnation erst ein paar Jahre später endgültig lösen.

Nach und nach erkannten Martin und ich, dass wir durch das bewusste Öffnen für kosmische Kräfte uns nicht auf unpersönliche, uns zur Verfügung stehende «göttliche» Kräfte eingelassen hatten, sondern auf Wirkungen (energeia) einer Geisterwelt, die von dem Lügengeist regiert wird. Dieser versprach uns, wir könnten so sein wie Gott.

Schon im Paradies hatte dieser Lügengeist indirekt durch die Schlange gesagt: Hört nicht auf Gott! Glaubt ihm nicht! Er sagt nicht die ganze Wahrheit. Er gab euch das Gebot, nicht vom Baum der Erkenntnis des Guten und Bösen zu essen, weil er nicht will, dass ihr so mächtig seid wie er …

Mir wurde klar: Wenn ich von Anfang an gewusst hätte, welche finstere Macht sich hinter solchen lügenhaften Aussagen verbirgt, hätte ich mich nicht darauf eingelassen. Umso mehr erschütterte es mich, als ich entdeckte, wie weit ich mich – ohne es zu ahnen und auch zu wollen – von Gott entfernt hatte. Wie hochmütig hatte ich auf diejenigen geschaut, die meinten, in der Bibel die Wahrheit über Gott zu finden, die glaubten, was bereits vor 2000 Jahren geschehen war, und die es ablehnten zu glauben, dass die ganze Menschheit sich evolutionär zum Gott entwickelte.

Das Ausmaß und die verführerische Macht hinter dieser Lüge wurden mir im Verlaufe der Zeit immer bewusster. Im Nachhinein kann ich sagen, dass ich durch das Erkennen dieser Wahrheit einen regelrechten Schock bekam.

In den darauffolgenden Jahren meinte ich zwar, um die Macht Gottes in Jesus Christus zu wissen und daran zu glauben, dass ihm alle Macht im Himmel und auf Erden gehört; aber tief in mir befürchtete ich immer noch, die dämonische Welt könne mich wieder überlisten und könne sogar stärker als Gott sein.

In der Esoterik hatte ich geglaubt, alles sei eins und göttlich. Danach sah ich, eher unbewusst, Gott und Satan als zwei sich gegenüberstehende gleichwertige Mächte oder Götter.

Es dauerte etwa sieben Jahre, bis ich erkannte, dass diese Befürchtung falsch ist. Durch das Wachsen im Glauben in der Beziehung zu Jesus Christus wurde mein Schock geheilt, und ich konnte in meinem Herzen die Wahrheit annehmen: Jesus Christus ist HERR über ***alle*** *Mächte. Seitdem bin ich befreit von meiner Angst.*

Heute weiß ich, Satan hat zwar die Möglichkeit, auf meine Gedanken einzuwirken (2. Korinther 11,3), indem er mich z. B. – wie gerade berichtet – ängstigt und sich dadurch groß macht. Er kann mich aber auch locken, mich selbst groß zu machen, indem er mir z. B. verspricht: «Wenn du nur genügend Glauben hast, dann liegt es in deiner Hand, ob du krank oder gesund, arm oder reich bist» (mit anderen Worten: «Du kannst so sein wie Gott!»).

Diesen Gedanken bin ich jedoch nicht mehr hilflos ausgeliefert; denn ich habe die Wahl, auf Satan oder auf Gott zu hören.

Satan hat viele Wege, uns dazu zu verleiten, ihm nebenbei zu dienen, weil er unsere Schwächen kennt. Doch ich verlasse mich auf Jesu Zusage, dass mich niemand aus seiner Hand reißen kann.

Mein Leben hat eine stabile Grundlage bekommen. Wenn ich Probleme habe, bespreche ich sie mit Jesus Christus. Er ist mein Gott, Vater, Freund, Ratgeber und mein Erlöser.

12. Zusammengefasst und biblisch beurteilt

Auch wenn immer mehr Menschen sich den Wirksamkeiten spirituller kosmischer Kräfte zuwenden, geschieht es, dass Personen durch Gottesdienste, Vorträge und Bücher, ja sogar durch das engagierte Bezeugen einzelner Christen, Jesus Christus ihr Leben anvertrauen. So kam nach einem Vortrag einmal eine junge Frau zu uns und sagte: «Ich könnte auch ein Buch schreiben mit dem Titel: *Ich war fast Buddhist.*» Voller Freude erzählte sie uns, dass sie vor kurzem zu Jesus gefunden habe.

Trotzdem ist der Anteil solcher Menschen in unserer satten, traditionsbeladenen westlichen Wohlfühl-Gesellschaft verhältnismäßig gering.

In Asien dagegen – besonders in China – kommen täglich Tausende von Menschen zum christlichen Glauben. Und das, obwohl sie zum Teil dafür verfolgt und ins Gefängnis oder in Lager gesteckt werden. Es scheint so, als würde ein immer größer werdender Teil des chinesischen Volkes nach jahrhundertelangen taoistischen, buddhistischen und kommunistischen Einflüssen die **Wirklichkeit eines persönlichen Gottes** entdecken. Die Wirklichkeit des Lebens mit diesem Gott muss für sie herrlicher sein als ihr menschliches Wohlbefinden.

Wie wir deutlich zu machen versuchten, ist in christlich geprägten Ländern die Tendenz eher anders herum. Zwar möchte man nicht in erster Instanz Buddhist oder Esoteriker werden, meint aber für das eigene Wohlbefinden fernöstliche oder schamanische Methoden in den Glauben integrieren zu können.

Diese Meinung vertritt z. B. auch der Jesuit und Zenmeister Niklaus Brantschen in seinem Buch *Auf dem Weg des Zen. Als Christ Buddhist.*[159] Er äußerte sich auf einer Konferenz mit dem Thema «Buddhismus und Christentum» gegen Martins Standpunkt, sich entweder für das eine oder für das andere entscheiden zu müssen. Er sagte in geheimnisvollem Ton: «Was redet ihr von ‹entweder/oder›? Ich behaupte, wir sollten zum ‹und/und› kommen.»

«Und/und ...», sagte auch der am Anfang erwähnte Masseur, der über den Zaun seiner Kirche schaute und die wirksamen fernöstlichen Methoden erfolgreich in seiner Praxis einsetzte. Ihm war wenigstens bewusst, dass er «über den Zaun schaute», d. h. dass er seine angewandte Methodik einer anderen spirituellen Tradition entnahm.

In vielen Fällen ist man sich der andersartigen Spiritualität kaum bewusst. Die spirituellen Angebote werden werbewirksam als Gymnastik, reine Massagetechniken oder als sanfte Übertragung von heilenden Energien präsentiert.

Während der Lektüre dieses Buches sollte deutlich geworden sein, dass wir eine «Und/und»-Haltung und eine Religionsvermischung nicht befürworten. Der wichtigste Grund für die Ablehnung dieser Haltung liegt in den unterschiedlichen **spirituellen Zielen** sowie in der Leugnung eines persönlichen Schöpfer- und Erlösergottes in Esoterik und Buddhismus.

Wir versuchten herauszuarbeiten, dass es nicht möglich ist, *fernöstliche Methoden* ohne deren spirituellen Hintergrund für die eigenen Zwecke zu nutzen. Denn diese Angebote sind immer ganzheitlicher Art. Das bedeutet, wie wir in Kapitel 5.5 erklärten: Sie zielen auf eine Einheit oder Verschmelzung mit dem Kosmos. Somit sind sie Teil und Methode des Weges zu dem in ihnen vorgegebenen spirituellen Ziel. Das heißt konkret: Auch dort, wo wir denken, das Spirituelle ausschließen zu können, wirkt es dennoch im Verborgenen auf uns.

Das Ziel der *New-Age-Bewegung* und der Esoterik ist jedoch nicht nur spiritueller Art. Es soll auch – wie bereits erwähnt – zu einer Verwandlung unseres Planeten in ein Paradies führen. Mensch und Natur sollen sich dann in einem Zustand der Vollkommenheit befinden. In diesem Zustand soll es weder unterschiedliche Religionen noch Klassen-, Rassen- oder Geschlechtsunterschiede geben. Alle Menschen wären sich ihrer eigenen Göttlichkeit bewusst und hätten somit die gleiche Quelle oder (spirituelle) Grundlage. Mit anderen Worten: **Eine der Grundlagen des *Neuen Zeitalters* muss eine Weltreligion sein.**

Genau für diesen Zweck werden mystische Praktiken und Heilmethoden verschiedener Religionen und alter Kulte eingeführt und gewinnen mehr und mehr Einfluss.

Die weltweit angestrebten Ziele – ein Paradies auf Erden mit «vollkommenen» und «göttlichen» Menschen, verbunden in einer Weltreligion – können ohne eine **Weltregierung** nicht durchgeführt werden. Dazu ist selbstverständlich eine **Weltwährung** notwendig! Diese ließe sich zurzeit durch die allgemeine Wirtschaftskrise am leichtesten durchsetzen.

Es ist nicht zu übersehen, dass diese Bestrebungen durch Zusammenschlüsse wie etwa in der EU und durch die Globalisierung schon weit vorangeschritten sind. Seit dem Fall des Römischen Reiches hat Westeuropa mit dem Jahr 2009 zum ersten Mal wieder einen Präsidenten. Am 19. November 2009 sagte dieser Präsident, Herman Van Rompuy, in seiner ersten Pressekonferenz in Brüssel:

«Wir leben in besonders schwierigen Zeiten. Die Finanzkrise und ihre dramatischen Auswirkungen auf Beschäftigung und Haushalte, die Klimakrise, die unser Überleben bedroht – eine Zeit der Angst, Unsicherheit und Mangel an Vertrauen. Doch diese Probleme können durch gemeinsame Anstrengungen in und zwischen unseren Ländern überwunden werden. 2009 ist das erste Jahr der globalen Regierung mit der Einrichtung der G20 inmitten der Finanzkrise. Die Klimakonferenz in Kopenhagen ist ein weiterer Schritt in Richtung des **globalen Managements unseres Planeten** ...»

Die englische Zeitung «Telegraph» berichtete am 3. April 2009, dass die G20 die Welt einen Schritt näher zu einer **globalen Währung** bewegt. Unterstützt wird sie durch eine globale Zentralbank, die die Währungspolitik für die gesamte Menschheit macht. Die Krisen der Länder dieser Welt werden nun zum Anlass genommen, die schon lange geplanten Ziele zur Verwirklichung einer globalen Regierung und einer globalen Währung durchzusetzen.

Der schon erwähnte Esoteriker, Psychologe und Autor Robert Betz schreibt in einem seiner Prospekte unter der Überschrift: *Aus der Krise in das neue Zeitalter der Liebe:* «Erst wenige Menschen begreifen, wie dramatisch und grundlegend die Umwälzungen sind, die der Menschheit in allen Bereichen des Lebens jetzt bevorstehen. Wer hierüber wenig oder nichts weiß, dem machen die Umbruchprozesse Angst ... Wer sich jedoch informiert ... kann das großartig Schöne und Befreiende erkennen, das hinter dieser Krise der Menschheit steht.»[160] Gemeint ist die Transformation der Menschheit und der Erde.

Um eine Wandlung zur Vollkommenheit der Menschheit und unseres Planeten aus menschlicher Anstrengung zu erlangen, bemühen

Esoteriker die Hilfe spiritueller Kräfte. (Auch Betz steht in Kontakt mit der unsichtbaren Welt und bekommt von ihr seine Informationen über den sogenannten Prozess des Umbruchs.)

Die spirituellen Kräfte können dann wirksam werden, wenn der Mensch bereit ist, sich dafür zu öffnen. Darum wird einerseits – wie von Capra angekündigt – Interesse für den Kontakt mit der unsichtbaren Welt des Kosmos geweckt, was sich inzwischen zu einem konkreten Hilfsangebot entwickelt hat. Andererseits wird gleichzeitig das Gedankengut verbreitet, der Mensch sei Träger göttlichen Potentials.

Seminare zum Thema *Medialität* und Übungen wie im Yoga sollen dem Menschen nicht nur ein Gefühl von Göttlichkeit vermitteln, sondern auch – bewusst oder unbewusst – eine Öffnung für den Empfang kosmischer Kräfte schaffen. Der Gedanke des göttlichen Potentials sorgt dafür, dass Menschen zunehmend magisches Gedankengut annehmen und sich demnach für den *Geist des Neuen Zeitalters* öffnen.

Dieser *Geist* sucht Eingänge, durch die er wirken kann. Er hat sich zum Ziel gesetzt, die gesamte Menschheit durch sichtbare Wirkungen unter eine antigöttliche Herrschaft zu bringen. Laut Bibel ist dieser Geist Satan. Christen sind aus seiner Zielgruppe nicht ausgeschlossen. Seine Taktik, um sie für seine Pläne zu benutzen und Gott gegenüber ungehorsam werden zu lassen, hat sich seit dem Paradies nicht verändert.

Wie erwähnt, leugnete die Schlange (Satan) nicht die Existenz Gottes, sondern stellte sein Wort in Frage und wies die ersten Menschen auf die Möglichkeit «eigener göttlicher Kräfte» hin.

In ähnlicher Weise geht Satan auch heute unter Christen vor. Er weiß um Jesu Gottheit und darum, dass kein vom Geist Gottes wiedergeborener Christ diese Göttlichkeit anzweifeln würde. Darum sagt er nicht: «Jesus ist doch wirkungslos.» Nein, er lockt sie z. B. mit einem Wort der Bibel (Johannes 14,12), reißt es aus dem Zusammenhang und deutet es so, als würde es sagen: «Ihr könnt größer (wirksamer) sein als Jesus.»[161] Oder auch: «Ihr habt die Christuskraft in euch, so könnt ihr selber Christus sein.»

Er steigert den legitimen Wunsch nach einer innigen Beziehung zu Jesus durch das Angebot für ein Mehr in spirituellen Erfahrungen und Zeichen und Wundern. Er gibt zu verstehen, dass wir in einer ganz besonderen Zeit *(im Neuen Zeitalter oder im bereits angebrochenen*

Tausendjährigen Reich) leben, und verführt damit die Menschen dazu, sich über Gott und Jesus Christus zu erheben.

Immer wieder hören wir, dass Christen meinen, nicht wesentlich von dem Lügengeist und seinem Heer beeinflusst werden zu können. Sie berufen sich auf den Empfang des Heiligen Geistes und denken, dadurch gegen alle Einflüsterungen und Einwirkungen immun zu sein. Doch nicht umsonst weist der Apostel Paulus darauf hin, dass der Kampf der Christen nicht gegen Fleisch und Blut ist, sondern vielmehr gegen unsichtbare kosmische Herrscher.[162]

Deutlich erklärt er ihnen die Gefahr der Verführung *durch Gedanken*, die von *der Einfalt und Lauterkeit gegenüber Christus ablenken*, ähnlich wie es bei Eva durch die Schlange geschah (2. Korinther 11,3).

Verschiedene Male betonten wir, dass die Werte des *Neuen Zeitalters* auf *sichtbare Wirksamkeit* ausgerichtet sind. Doch gerade der Wunsch nach Wirksamkeit war es, der den ehemals hohen Lichtengel Luzifer zu Fall brachte. Seine Schönheit und sein Glanz sollten zu Anbetung ihm gegenüber verlocken. Er hat sein Bestreben nach Macht und Wirksamkeit nicht aufgegeben. Glanz statt Weisheit, Wirkung statt Wahrheit gehören auch heute noch zu seinem Programm.

Der Teufel ist Vater der Lüge und will jede nur erdenkliche Person an die Lüge glauben lassen. Er steckt hinter der in 2. Thessalonicher 2,11 erwähnten wirksamen Kraft des Irrwahns oder ist vielleicht sogar mit dieser *energeia* identisch. Er spendet gerne übernatürliche Kraft, die Menschen glänzen lässt.

Der falsche Glanz ist jedoch nicht leicht zu entlarven; gerade weil seine Wirkung sich in vielen Fällen vordergründig als etwas Gutes zeigt.

In Gesprächen nach Vorträgen erleben wir – auch bei Christen – häufig eine gewisse Überheblichkeit in Bezug auf das Wirken der unsichtbaren Welt. Man meint, die Kräfte des Kosmos würden sich dem Willen der Menschen beugen, und sagt sich: «Wenn ich doch nicht an den spirituellen Hintergrund glaube, wird schon nichts geschehen.» Manche meinen, sie bräuchten nur begleitend zu beten, dann könnten sie ohne Bedenken an allem teilnehmen. Ein Gebet ist jedoch kein magischer Spruch mit automatischer Wirkung – und noch weniger einer, nach dem Gott unabdingbar handeln müsste.

Satan hoffte, selbst Jesus durch einen zu lockeren Umgang mit den Zusagen Gottes zum Abfall zu bewegen. Nachdem er ihn auf die höchste Stelle des Tempels geführt hatte, forderte er ihn auf, sich hinabzustürzen; denn er könne sich auf Gottes Verheißung stützen, die ihm verspreche, dass seine Engel ihn bewahren und auf Händen tragen würden. Jesus antwortete ihm jedoch: «Du sollst den Herrn, deinen Gott, nicht versuchen» (Lukas 4,9–12).

Die Bibel spricht neben der Tatsache, dass wir durch Sünde unser Fleisch beflecken, auch von der Möglichkeit einer **Befleckung des Geistes** (2. Korinther 7,1).

Der Geist des Menschen kann durch die Anwendung spiritueller Heilmethoden bereits befleckt werden, da sie, wie erwähnt, den Anspruch haben, neben Körper und Seele auch auf den Geist zu wirken. Der Geist oder das Bewusstsein solle sich verändern. Er solle sich der Macht seiner «göttlichen Quelle» wieder bewusst werden. Aus ihm heraus bekomme der Mensch die Fähigkeit, sich selbst zu heilen und die sichtbare und die unsichtbare Welt für sich selbst zu steuern. Das klingt alles sehr verlockend. Was aber, wenn die ganze Menschheit eines Tages auf diese Weise von *einer* Person gesteuert wird?

Auch wenn Christen das esoterische oder fernöstliche Gedankengut nicht übernehmen, kann ihr Geist durch eine häufig wiederholte Körperhaltung wie etwa den Sonnengruß im Yoga «befleckt», d. h. beeinflusst werden. Denn gemäß der Yoga-Lehre bewirken die Übungen in der richtigen Haltung und der richtigen Reihenfolge eine Öffnung des Geistes (siehe Kapitel 6.1). Dies betont auch die bereits zitierte Aussage: «… jedes Asana (Körperhaltung) schafft einen bestimmten Geisteszustand … um den Suchenden dem Höheren Selbst näherzubringen.»[163]

Die Auswirkung eines befleckten Geistes für einen Christen kann sich in einer Vernachlässigung des Bibellesens und Betens, in mangelnder Freude in der Anbetung und im Nicht-Bekennen des Namens Jesu bemerkbar machen.

Wir erzählten in unseren persönlichen Berichten von dem enormen Einfluss spiritueller Methoden. Sie verändern nicht nur das christliche Gottes-, Welt-, und Menschenbild, sondern öffnen auch das Tor zu paranormalen Erfahrungen, zu egoistischer Selbstverwirklichung, zu sexuellen Ausschweifungen, zu psychischen Problemen wie Depressionen, Aggressionen und Ängsten.

Unser Hauptanliegen für dieses Buch ist, liebe Leserin, lieber Leser, dass Sie eine klare, unverwässerte Beziehung zu Jesus Christus finden und auch behalten. Dies besonders in einer Zeit, die in der Bibel als *Endzeit* vorausgesagt ist. Gemäß den prophetischen Aussagen wird in ihr ein großer weltweiter Abfall von Gott stattfinden.

In dem Magazin «The Atlantic» hieß es, dass Gott Globalisierung deshalb liebe, weil dann die ganze Welt unter seiner Herrschaft sei. Die Bibel bezeugt jedoch, dass es sich hier nur um den Gott dieser Welt (2. Korinther 4,4), also Satan, handeln kann. Er wird eines Tages die Welt unter die Herrschaft einer Person bringen, die in seiner Kraft auftritt.

Wir wollen Sie nicht in dem Maße verängstigen, dass Sie fernöstliche und esoterische Praktiken nur aus purer Angst vor geistlichen oder seelischen Gefahren ablehnen. Vielmehr wünschen wir Ihnen, dass Sie aus Liebe zum Gott der Bibel auf diese spirituellen Angebote verzichten und ihm gegenüber ein ungeteiltes Herz behalten oder bekommen!

Weiterhin wünschen wir uns eine größere Wachsamkeit, so dass immer mehr Menschen erkennen: eine positive (Aus)Wirkung *(energeia)* ist noch kein Kriterium für die Behauptung, es handele sich hier um ein Wirken Gottes. Übungen und Heilungsangebote sollten unbedingt im Blick auf ihren spirituellen Hintergrund und die dahinter stehende Macht *(exousia)*[164] sowie am Wort Gottes geprüft werden. Das bedeutet, es müssen Fragen gestellt werden wie:

- Zu welchem spirituellen Ziel führt der Ursprung dieser Methode eigentlich? Zu einem persönlichen Gott oder zu einer Vereinigung mit kosmischen Kräften? Vielleicht sogar zu der Erkenntnis geheimen «göttlichen» Wissens in mir?
- Macht sich in mir der Gedanke breit, ich sei auf einer höheren Ebene des Glaubens oder des Bewusstseins als andere Menschen?
- Bin ich dabei, magische Methoden für einen spirituellen «Aufstieg» oder für eine Vereinigung mit Gott in Anspruch zu nehmen?
- Ist Jesus Christus (immer noch) der Mittelpunkt meines Lebens, oder liegen mir mein persönliches Wohlergehen, meine Erfahrungen und meine Wirksamkeit mehr am Herzen?

Beten Sie wie David:

> «Erforsche mich, Gott, und erkenne mein Herz.
> Prüfe mich und erkenne meine Gedanken!
> Und sieh, ob ein Weg der Mühsal bei mir ist,
> und leite mich auf dem ewigen Weg!»

Psalm 139,23–24

Das *Neue Zeitalter* – das Zeitalter des Wassermanns – wird von Esoterikern als ein Zeitalter der Liebe und der Stillung des spirituellen Durstes bezeichnet. Jesus dagegen sagt: «Wer aber von dem Wasser trinken wird, das ich ihm gebe, den wird in Ewigkeit nicht dürsten, sondern das Wasser, das ich ihm geben werde, das wird in ihm eine Quelle des Wassers werden, das in das ewige Leben quillt» (Johannes 4,14; Lutherbibel).

Darum ist es uns ein Herzensanliegen, dass Menschen Jesu einzigartiges Angebot, nämlich die Vergebung ihrer Schuld und die Versöhnung mit dem Vater, annehmen und erkennen, und sie es nicht mehr nötig haben, sich zusätzlich unter die Wirkung anderer *spiritueller* Kräfte zu stellen.

Als wir selbst seinerzeit eine persönliche Beziehung zu Jesus Christus suchten, hat uns das folgende Gebet sehr geholfen. Möglicherweise möchten Sie es (vielleicht in Ihren eigenen Worten) ebenfalls beten:

> *Herr Jesus Christus, ich danke dir, dass du meine Trennung von Gott am Kreuz aufgehoben hast. Ich brauche dich und will mit dir leben. Vergib mir, dass ich bis jetzt nicht nach deinem Willen gefragt, sondern nach meinem eigenen Verständnis gelebt habe. Vergib mir, dass ich mich mit kosmischen Kräften verbunden, aus ihnen meine Kraft geholt und gesündigt habe.*
>
> *Ich übergebe dir mein Leben und nehme dich als meinen Herrn und Erlöser an.*
>
> *In deinem Namen löse ich mich von allen Mächten, Kräften, Geister- und Engelwesen des Kosmos und trenne mich von den dazugehörenden Methoden. Ich bitte dich, fülle mich mit deinem Heiligen Geist.*
>
> *Amen.*

Für weitere Informationen siehe:

www.gateway-ev.de

Literaturverzeichnis

Ingrid Auer: «Engel», «Engel begleiten durch Schwangerschaft und Geburt», Werbeprospekt für Hebammen.

William Barclay: *Auslegung des Neuen Testaments*, Aussaat: Wuppertal.

Isabeella Beumer: Prospekt «Hinter die Dinge schauen. Die Faszination mentaler Korrespondenz, Psychometrie, Psychoskopie».

Isabeella Beumer: Prospekt «Die perfekte Intuition. Knackpunkt in Beruf, Gesundheit und Lebensglück», Neue Seminare 2006, www.mental-consulting.de.

B. A. Bohnke: *Esoterik*, Gondrom: Bindlach 1996.

Niklaus Brantschen: *Auf dem Weg des Zen. Als Christ Buddhist*, Kösel: München 2002.

F. F. Bruce: *Word Biblical Commentary*, Bd. 45, Word Books: Waco, Texas, 1982.

Fritjof Capra: *Das Tao der Physik. Die Konvergenz von westlicher Wissenschaft und östlicher Philosophie*, Droemer Knaur: München 1997; Original: *The Tao of Physics* (1977).

Fritjof Capra, David Steindl-Rast: *Wendezeit im Christentum. Perspektiven für eine aufgeklärte Theologie*, Scherz: München 1991.

Lothar Coenen (Hrsg): *Theologisches Begriffslexikon zum Neuen Testament*, neubearbeitete Ausgabe, Bd. 2, I–Z, R. Brockhaus: Wuppertal 2000.

Dalai Lama: *Der Weg zum Glück. Sinn im Leben finden*, Herder: Freiburg.

Marilyn Ferguson: *Die sanfte Verschwörung. Persönliche und gesellschaftliche Transformation im Zeitalter des Wassermanns*, Knauer Verlag: München 1985.

Prof. Dr. Reinhard Franzke: «Visualisierung. Hilfe durch innere Bilder?», Logos Verlag, Reihe «Aufklärung», Bd. 38, 1999.

Arnold Fruchtenbaum: *Handbuch der biblischen Prophetie*, Schulte & Gerth: Aßlar 1991.

«Gesamtverzeichnis 2006», Vorschau des Allegria-Verlags.

Goldmann-Lexikon, Band 17, BLI, Bertelsmann Lexikographisches Institut: Gütersloh 1998.

Colin Goldner: *Psycho*, Pattloch: Augsburg 1997.

Douglas Groothuis: *Revealing the New Age Jesus, Challenges to Orthodox Views of Christ*, Intervarsity: Downers Grove 1990.

Anselm Grün: *50 Engel für das Jahr. Ein Inspirationsbuch*, Herder: Freiburg 2006.

Anselm Grün: *Erlösung*, Kreuz-Verlag: Stuttgart 2004.

Helmut Hark: *Mit den Engeln gehen. Die Botschaft unserer spirituellen Begleiter*, Weltbild GmbH: Augsburg 1993.

Dave Hunt: *Yoga. Harmlose Gesundheitsübung oder esoterische Religion?*, CLKV: Steffisburg 2009.

Willigis Jäger: *Wiederkehr der Mystik*, Herder: Freiburg im Breisgau 2004.

Roger Jahnke: *The Healing Promise of Qi. Creating Extraordinary Wellness Through Qigong and Tai Chi*, Tata McGraw-Hill Publishing: New Delhi 2002.

Gerhard Kittel: *Theologisches Wörterbuch zum Neuen Testament*, THWNT, Kohlhammer: Stuttgart.

Michael Kotsch: «Chinesische Medizin I», Reihe «Aufklärung» der A. R. F., Bd. 42, Lichtzeichen: Lage 2000.

Michael Kotsch: «Chinesische Medizin II», Reihe «Aufklärung» der A. R. F. Bd. 43, Lichtzeichen: Lage 2000.

Horst Krohne: Prospekt für Abendseminar «Die Heilkraft liegt in Dir. GEIST-HEILUNG», Juni 2004, www.schule-der-geistheilung.de.

Gerda und Rüdiger Maschwitz: *Neue Mandalas. Aus der Mitte wachsen, Anregungen für Kinder, Jugendliche und Erwachsene*, Kösel: München 1998.

Josh McDowell, Bob Hostetler: *Glaube ohne Werte. Jugend am Abgrund*, CLV: Bielefeld 1997.

Fritz Rienecker (Hrsg): *Lexikon zur Bibel*, R. Brockhaus: Wuppertal, 2. Sonderauflage 1991.

Martin Schmeisser (Hrsg.): *In der Mitte leben. Der Mandala-Weg*, Verlag am Eschbach: Eschbach 1997.

XII. Tai Situpa: *Den schlafenden Buddha erwecken*, Sequoyah-Verlag, Edition Mandarava: Gutenstein 2007.

Frauke Teegen: *Ganzheitliche Gesundheit. Der sanfte Umgang mit uns selbst*, Rowohlt: Reinbek bei Hamburg 1983.

Eckhart Tolle: *Een nieuwe Aarde. De uitdaging van deze tijd* («Eine neue Erde. Die Herausforderung unserer Zeit»).

Ed. Viswanathan: *Am I Hindu? The Hinduist Primer*, 18th Impression, Rupa & Co.: New Delhi 2004.

Ken Wilber: *Halbzeit der Evolution*, Fischer: Frankfurt 1996.

Sascha Wuillemet, Andrea-Anna Cavelius: *Natur-Mandalas malen*, Pattloch: Augsburg 1999.

The Wycliff Bible Commentary, Moody: Chicago 1977.

Anmerkungen

1 Kosmische Kraft nach der Lehre des Taoismus.

2 Ein Buddha ist kein Gott, sondern ein Name für den Zustand der Leere/Erleuchtung. In Buddha ist keine Persönlichkeit, wohl aber Kraft. Besonders tibetische Buddhisten stellen diesen Zustand in unterschiedlichen Formen dar. Manche sind friedlicher, manche zorniger Art. Alle repräsentieren aber Aspekte der Erleuchtung.

3 http://www.filmstarts.de/kritiken/41642-Rocky-IV.html; Stand Februar 2010. Sylvester Stallone schrieb selbst das Drehbuch, führte die Regie und spielte die Hauptrolle.

4 http://www.textlog.de/4354.html; Stand Februar 2010.

5 Der Lebenstrieb *Libido* hängt nach Freud mit dem (sexuellen) Lustprinzip zusammen und ist eines der Kernstücke seiner Lehre.

6 http://www.lebenskraft.de/dx_start_d.htm; Stand Februar 2010.

7 http://www.rutengeher.com/themen/lebenskraft/index.html; Stand Februar 2010. Die Angaben in Klammern wurden von den Autoren hinzugefügt. Die Anbieterin nennt sich Energetikerin.

8 http://www.vitale-lebenskraft.de/reiki.htm; Stand Juli 2009: «Jeder spürt Reiki auf unterschiedliche Art und Weise ... Aber selbst wenn der Behandelnde einmal nicht viel spürt, wirkt diese Energie trotzdem. Daran zu glauben ist nicht zwingend nötig – der Glaube fördert allerdings die eventuell nötige Heilung.»

9 http://www.islaminstitut.de/Artikelanzeige.41+M5865869c79a.0.html; Stand Februar 2010. Dr. Christine Schirrmacher zur Bedeutung der islamischen Segenskraft Baraka: «Baraka, so glaubt man, geht zwar von Gott aus, wird aber über bestimmte Personen oder Gegenstände weitergegeben. Die Segenskraft kann von einer Person auf seine Nachkommen weitervererbt werden und ist insbesondere auf die Nachkommen Muhammads übergegangen. Baraka haftet allen religiösen Gegenständen an, wie Koranexemplaren und islamischen Rosenkränzen. ... Besonders viel Baraka findet der Gläubige in Mekka, in der Ka'ba und in höchstem Maß in der Nähe des Schwarzen Steins.»

10 Rheinische Zeitung, Nr. 93, 21.04.2006, «Shiatsu ist ein neuer Weg der Selbstheilung», 22.

11 Matthäus 21,23: Die Hohenpriester und Ältesten des Volkes fragten ihn im Tempel: «In welcher Vollmacht tust du diese Dinge? Und wer hat dir diese Vollmacht gegeben?»

12 Matthäus 12,22–28. Jesus heilt einen Blinden und Stummen, und die Schriftgelehrten vermuten, dass es durch Beelzebul, den obersten der bösen Geister, geschieht.

13 Vgl. Johannes 2,11; 20,30f.: Zeichen sollten Glauben wecken.

14 Hermann Sasse: «Kosmeo, etc.», in: *THWNT*, Bd. 3, 867–898, 870. «Kosmos

ist die Ordnung, durch welche die Summe der Einzeldinge zu einem Ganzen zusammengefasst wird.»

[15] Sasse: «Kosmeo», 883: Das aus Himmel und Erde bestehende Weltall.

[16] http://www.welt.de/wissenschaft/weltraum/article4161518/Teleskop-auf-La-Palma-ist-das-groesste-der-Welt.html.

[17] Der Frühlingspunkt ist der Punkt im Weltraum, wo der (gedachte) Kreis der Sonne um die Erde (Ekliptik genannt) den in den Weltraum projektierten Äquator schneidet, und zwar in etwa am 21. März. Vgl. http://wiki.astro.com/astrowiki/de. Dieser Punkt schiebt sich ca. alle 2000 Jahre in ein anderes Sternzeichen, und zwar rückwärts durch die Tierkreiszeichen.

[18] Vgl. http://www.golyr.de/hair-musical/songtext-aquarius-119012.html.

[19] http://www.musical-hair.de/whatsnew.html: «Harmony and understanding; Sympathy and trust abounding; Angelic illumination; Rising fiery constellation; Travelling our starry courses; Guided by the cosmic forces; Oh, care for us; Aquarius.»

[20] Jesaja 14,13.

[21] Arnold Fruchtenbaum: *Handbuch der biblischen Prophetie*, Schulte & Gerth: Aßlar 1991, 227, begründet den Abfall von einem Drittel aller von Gott geschaffenen Engel (Sterne) mit Satan mit Offenbarung 12,4.

[22] Sasse: «Kosmeo», 893, sagt dann noch: «Indem der *kósmos* erlöst wird, hört er auf, *kósmos* zu sein.»

[23] Vgl. Eckhart Tolle: *Een nieuwe Aarde. De uitdaging van deze tijd* («Eine neue Erde. Die Herausforderung unserer Zeit»), 27; Übersetzung vom Autor.

[24] 2. Chronik 2,5; Lutherbibel.

[25] Marilyn Ferguson: *Die sanfte Verschwörung. Persönliche und gesellschaftliche Transformation im Zeitalter des Wassermanns*, Knauer Verlag: München 1985, 25f.

[26] Ferguson, *Verschwörung*, 26.

[27] Ferguson, *Verschwörung*, 33.

[28] Ferguson, *Verschwörung*, 40.

[29] Ferguson, *Verschwörung*, 20.

[30] Ferguson, *Verschwörung*, 21.

[31] Ferguson, *Verschwörung*, 25.

[32] Ferguson, *Verschwörung*, 20–21.

[33] Ferguson, *Verschwörung*, 21.

[34] Fritjof Capra, David Steindl-Rast: *Wendezeit im Christentum. Perspektiven für eine aufgeklärte Theologie*, Scherz: München 1991, 254.

[35] Capra, *Wendezeit*, 254.

[36] Capra, *Wendezeit*, 253.

[37] *Goldmann-Lexikon*, Band 17, BLI, Bertelsmann Lexikographisches Institut: Gütersloh 1998, 7829.

[38] Veda (Sanskrit): Wissen.

[39] «Gesamtverzeichnis 2006», Allegria-Verlag, «Lebenshilfe», «Neues Bewusstsein», «Spiritualität», «Ganzheitlich Heilen», 14.

[40] Isabeella Beumer: Prospekt «Hinter die Dinge schauen. Die Faszination mentaler Korrespondenz, Psychometrie, Psychoskopie».

[41] http://www.potenzial-mensch.de/Sport.html; Stand Februar 2010: «Das mentale Training ermöglicht dem Sportler, seine Leistung punktgenau abzurufen. Mehr noch, es stabilisiert den Sportler auf höchstem Niveau und autorisiert ihn, sein eigener Chef zu sein ...»

[42] Christoph Leischwitz: «Klinsmann gibt den Buddha», in: TAZ (02.07.2008); http://www.taz.de/1/sport/artikel/1/klinsmann-gibt-den-buddha/

[43] Jürgen Klinsmann, zitiert von P. Strasser und R. Franke in der Münchner «Abendzeitung» am 4. Juli 2008; http://www.abendzeitung.de/sport/fc_bayern/38094.

[44] Geshe Pema Samten: «Buddhanatur»; http://www.tibet.de/tib/tibu/2006/tibu77/buddhanatur.html.

[45] Zitiert aus XII. Tai Situpa: *Den schlafenden Buddha erwecken*, Sequoyah-Verlag, Edition Mandarava: Gutenstein 2007.

[46] Steven Harrison: «The Human Potential – Das menschliche Potential», Vortrag im Juni 2002; erschienen als Video bei Blissvideo: Lindau 2002.

[47] Vgl. http://www.kamala.info/human-potential-movement.html.

[48] Capra, *Wendezeit*, 254. Die «Association for Humanistic Psychology» erweist sich als Plattform für die New-Age-Bewegung.

[49] Association for Humanistic Psychology, AHP.

[50] «Die Perspektive der Humanistischen Psychologie», Skript eines Vortrags an der Universität St. Gallen im Wintersemester 1998/99 im Rahmen der Vortragsreihe «Psychotherapie: Die Vielfalt der therapeutischen Konzepte», 3–4.

[51] Vgl. Prediger 3,11: «Auch hat er [Gott] die Ewigkeit in ihr Herz gelegt, nur dass der Mensch das Werk nicht ergründet, das Gott getan hat, vom Anfang bis zum Ende.»

[52] *Rebirthing*, übersetzt: *Wiedergeburt*. Durch eine bestimmte Atemtechnik sollen sowohl (vor)geburtliche als auch verdrängte Erlebnisse bis hin zu Erinnerungen an «vorherige» Leben ins Bewusstsein gebracht werden.

[53] Robert Betz, www.robert-betz.de.

[54] Helmut Hark: *Mit den Engeln gehen. Die Botschaft unserer spirituellen Begleiter*, Weltbild GmbH: Augsburg 1993, 29.

[55] Hark, *Mit den Engeln gehen*, 37.

[56] Capra, *Wendezeit*, 28.

[57] Capra, *Wendezeit*, 13.

[58] Martin Schmeisser (Hrsg.): *In der Mitte leben. Der Mandala-Weg*, Verlag am Eschbach: Eschbach 1997, 6.

[59] Ebenda, 11.

[60] Vgl. http://www.golyr.de/hair-musical/songtext-aquarius-119161.html.

[61] Willigis Jäger: *Wiederkehr der Mystik*, Herder: Freiburg im Breisgau 2004, 152. Zitiertes ist aus Q 308,5.

[62] Ed. Viswanathan: *Am I Hindu? The Hinduist Primer*, 18th Impression, Rupa & Co.: New Delhi 2004, 281.

[63] Ken Wilber: *Halbzeit der Evolution*, Fischer: Frankfurt 1996, 283.
[64] «Gesamtverzeichnis 2006», «Ganzheitlich Heilen», 38.
[65] «Gesamtverzeichnis 2006», «Ganzheitlich Heilen», 8.
[66] J. K. Rowling bei einem Online-Chat zum Welttag des Buches im Jahr 2004.
[67] Horst Krohne: Prospekt für Abendseminar «Die Heilkraft liegt in Dir. GEISTHEILUNG», Juni 2004, www.schule-der-geistheilung.de, 26.
[68] Krohne, «Heilkraft», 29.
[69] Ferguson, *Die sanfte Verschwörung.*
[70] Frauke Teegen: *Ganzheitliche Gesundheit. Der sanfte Umgang mit uns selbst*, Rowohlt: Reinbek bei Hamburg 1983, 53.
[71] Teegen, *Ganzheitliche Gesundheit*, 54.
[72] Teegen, *Ganzheitliche Gesundheit*, 54.
[73] Teegen, *Ganzheitliche Gesundheit*, 42.
[74] Isabeella Beumer: Prospekt «Die perfekte Intuition. Knackpunkt in Beruf, Gesundheit und Lebensglück», Neue Seminare 2006, www.mental-consulting.de.
[75] Krohne, «Heilkraft».
[76] Krohne, «Heilkraft».
[77] Affirmieren ist eine Suggestionstechnik. Durch das Wiederholen von positiven Sätzen wie «Ich bin stark, fähig und gut» sollen Körper, Seele und Geist positiv beeinflusst werden.
[78] 2. Korinther 12,7 (Lutherbibel). Der Pfahl im Fleisch kann eine körperliche Krankheit, aber auch eine seelische Not gewesen sein.
[79] «Yoga aktuell», Nr. 56, Juni/Juli, Ausgabe 3/2009, «Krisensicheres Bewusstsein», Thomas Hübl, 62.
[80] «Yoga aktuell», Nr. 56, 5.
[81] In einem Info-Blatt über Yoga heißt es: «The Ashtanga Yoga Series works like a combination lock. If you do the right moves in the right order, the mind and the body automatically open up.»
[82] Dave Hunt: *Yoga. Harmlose Gesundheitsübung oder esoterische Religion?*, CLKV: Steffisburg 2009, 21.
[83] Vgl. http://aesthetik-atelier.de/verschiedenes/allerlei/index.php.
[84] Gerda und Rüdiger Maschwitz: *Neue Mandalas. Aus der Mitte wachsen, Anregungen für Kinder, Jugendliche und Erwachsene*, Kösel: München 1998, 8.
[85] Maschwitz, *Neue Mandalas*, 23.
[86] Maschwitz, *Neue Mandalas*, 11.
[87] Sascha Wuillemet, Andrea-Anna Cavelius: *Natur-Mandalas malen*, «Zur Mitte finden», Pattloch: Augsburg 1999, 4–5.
[88] Bruno Dörig: «Schenk Dir ein Mandala», Heft 1, 4.
[89] Vgl. Matthäus 16,17; Matthäus 26,33; Matthäus 16,23. Oder auch 1. Korinther 11,3.
[90] Colin Goldner: *Psycho*, Pattloch: Augsburg 1997, 226, zitiert in: Prof. Dr. Reinhard Franzke: «Visualisierung. Hilfe durch innere Bilder?», Logos Verlag, Reihe «Aufklärung», Bd. 38, 1999, 31.

[91] Begründer dieser Bewegung ist Bestseller-Autor Joseph Murphy. Andere Vertreter sind Norman Vincent Peale, Napoleon Hill und Robert Schuller.

[92] Hark, *Mit den Engeln gehen. Die Botschaft unserer spirituellen Begleiter.* Weltbild GmbH: Augsburg 1993.

[93] Hark, *Mit den Engeln gehen*, 40. Gemäß den Lehren C. G. Jungs ist hier das «Höhere Selbst» (göttliche Selbst) gemeint.

[94] Hark, *Mit den Engeln gehen*, 25.

[95] «Engel-Kalender 2009», «Himmlische Botschaften für mehr Glück und Harmonie», Montag, 30. März.

[96] «Engel-Kalender 2009», 30. März.

[97] Anselm Grün: *50 Engel für das Jahr. Ein Inspirationsbuch*, Herder: Freiburg 2006.

[98] «Gesamtverzeichnis 2006», «Ganzheitlich Heilen», 68.

[99] Ingrid Auer: «Engel», «Engel begleiten durch Schwangerschaft und Geburt», Werbeprospekt für Hebammen, 2.

[100] Auer, «Engel», 23.

[101] Auer, «Engel», 11.

[102] http://www.puramaryam.de/lichtkoerperproz.html.

[103] http://www.sanat-kumara.de; T. Wolf arbeitet als Heiler, Berater, Meditations- und Entspannungslehrer, Sprach-Medium und Musiker für Energien der geistigen Welt.

[104] Hark, *Mit den Engeln gehen*, 25.

[105] Hark, *Mit den Engeln gehen*, 29.

[106] Vgl. Hesekiel 28,14f. (Lutherbibel).

[107] Vgl. Jesaja 14,14.

[108] Matthäus 4,8–10.

[109] Siehe Matthäus 18,10: Jesus sagt, dass die Engel der Kinder allezeit das Angesicht des Vaters in den Himmeln schauen. Vgl. auch Apostelgeschichte 12,15.

[110] Offenbarung 19,10: «Und ich fiel zu seinen Füßen nieder, ihn anzubeten. Und er spricht zu mir: Siehe zu, *tu es nicht!* Ich bin dein Mitknecht und der deiner Brüder, die das Zeugnis Jesu haben. Bete Gott an!» Ebenso Offenbarung 22,9.

[111] Vgl. Offenbarung 12,3–4, was als ein Beleg für den Fall Satans beschrieben wird (siehe Anmerkung 21): «Und siehe, ein großer, feuerroter Drache … und sein Schwanz zieht den dritten Teil der Sterne [Engel] des Himmels fort; und er warf sie auf die Erde.»

[112] Michael Kotsch: «Chinesische Medizin I», Reihe «Aufklärung» der A. R. F., Bd. 42, Lichtzeichen: Lage 2000, 24.

[113] Kotsch, «Chinesische Medizin I», 70. «Grundannahme der TCM, nach der alle irdischen Stoffe und Zustände einem der fünf Elemente (Holz, Feuer, Erde, Metall, Wasser) zuzuordnen sind» und durch Verwandlung jeweils das nächste Element in der Reihe hervorbringt.

[114] Kotsch, «Chinesische Medizin I», 21.

[115] Roger Jahnke: *The Healing Promise of Qi. Creating Extraordinary Wellness Through Qigong and Tai Chi*, Tata McGraw-Hill Publishing: New Delhi 2002, 8 (Übersetzung aus dem Englischen von den Autoren).

[116] Vgl. Jahnke, *Qi*, 8–9.

[117] Michael Kotsch: «Chinesische Medizin II», Reihe «Aufklärung» der A. R. F. Bd. 43, Lichtzeichen: Lage 2000, 60.

[118] Jahnke, *Qi*, 69. Aus der Geschichte von Meister Zhu Hui.

[119] Vgl. Jahnke, *Qi*, 69.

[120] http://www.spirituelle-heilkunst.de/4.html; die Website der Praxis für spirituelle Heilkunst von Frank Schöne und Eva-Maria Michowski.

[121] http://www.sanat-kumara.de/; T. Wolf.

[122] Douglas Groothuis: *Revealing the New Age Jesus, Challenges to Orthodox Views of Christ*, Intervarsity: Downers Grove 1990, 16.

[123] Groothuis, *Revealing the New Age Jesus.*

[124] Groothuis, *Revealing the New Age Jesus*, 19.

[125] Groothuis, *Revealing the New Age Jesus.*

[126] Wilber, *Halbzeit der Evolution*, 283.

[127] Wilber, *Halbzeit der Evolution*, 283.

[128] http://home.twin.at/achtsamkeit/wunder.htm; Website von Hubert Hirsch: «Poetische Tagträume. Eine kosmische Reise zu sich selbst», «Ein Kurs in Wundern, Zitate aus dem Kurs von der Vergebung».

[129] Schucman: *Ein Kurs in Wundern.* Schucmans hörte eine Stimme, die sich als Jesus zu erkennen gab, und schrieb das Gehörte in einem Prozess von sieben Jahren auf. Daraus entstand ein Buch in drei Teilen.

[130] K. H. Rengstorf: «Jesus Christus», in: Lothar Coenen (Hrsg): *Theologisches Begriffslexikon zum Neuen Testament*, neubearbeitete Ausgabe, Bd. 2, I–Z, R. Brockhaus: Wuppertal 2000, III, 5), d), 1099.

[131] B. A. Bohnke, *Esoterik*: Gondrom: Bindlach 1996, 135. Zitiert in: Prof. Dr. Franzke, Reinhard: *Visualisierung. Hilfe durch innere Bilder?*, Reihe «Aufklärung», Bd. 38, Logos: Lage 1999, 31.

[132] 1. Könige 18,37: «Damit dieses Volk wisse, dass du Gott bist.» In 1. Könige 18,21 sagt Elia zum Volk: «Wie lange hinket ihr auf beiden Seiten?»

[133] 2. Mose 3,14: «Ich bin, der ich bin» (Elberfelder Bibel); «Ich werde sein, der ich sein werde» (Lutherbibel).

[134] In Hebräer 1,1–2 wird gesagt, dass Gott früher in vielfältiger Weise, aber zuletzt im (nicht durch [!] den) Sohn geredet hat (vgl. Elberfelder Bibel).

[135] Siehe Markus 4,37–41. Sie fragten nicht: «Was ist das für eine Kraft?»

[136] Johannes 5,19. Das sprach Jesus zu den Juden seiner Zeit.

[137] In Matthäus 11,5 vergleicht Jesus seine Wunder mit den in der Schrift stehenden Worten (vgl. Jesaja 35,4ff.), um Johannes dem Täufer zu zeigen, dass er der Messias ist. In Matthäus 26,54 sagt Jesus in Bezug auf die Versuchung, den bevorstehenden Kreuzestod zu umgehen: «Wie sollten denn die Schriften erfüllt werden?»

[138] Fritjof Capra: *Das Tao der Physik. Die Konvergenz von westlicher Wissenschaft*

und östlicher Philosophie, Droemer Knaur: München 1997; Original: *The Tao of Physics* (1977). Ferguson meinte, dass Wissenschaft und «Einsichten ältesten menschlichen Gedankengutes» zusammenkommen würden (siehe Kapitel 5.5).

[139] http://www.taoism.net/german/articles/what_tao.htm; Tao bedeutet «der Pfad» oder «der Weg». Die Wirkungsweisen des Tao sind oft über menschliche Logik erhaben. Um Tao zu verstehen, reicht vernunftorientiertes Denken allein nicht aus. Man muss ebenso seine Intuition mit einbeziehen.

[140] Hebräer 1,1–2: «Nachdem Gott vielfältig und auf vielerlei Weise ehemals zu den Vätern geredet hat in den Propheten, hat er am Ende dieser Tage zu uns geredet im Sohn …»

[141] 1. Korinther 2,12.

[142] Ken Wilber, *Halbzeit der Evolution*, 353.

[143] Premananda: «Satsang mit Premananda», Einladung, www.premananda.de.

[144] Dalai Lama: *Der Weg zum Glück. Sinn im Leben finden*, Herder: Freiburg, 84.

[145] Josh McDowell, Bob Hostetler: *Glaube ohne Werte. Jugend am Abgrund*, CLV: Bielefeld 1997, 281.

[146] McDowell, *Glaube ohne Werte*, 24–25.

[147] «Wahrheit», in: Fritz Rienecker (Hrsg): *Lexikon zur Bibel*, R. Brockhaus: Wuppertal, 2. Sonderauflage 1991, 1496.

[148] «Wahrheit», Rienecker, *Lexikon zur Bibel*, 1496.

[149] «Wahrheit», Rienecker, *Lexikon zur Bibel*, 1496.

[150] Roger Jahnke, *The Healing Promise of Qi*, 69.

[151] Ferguson, *Verschwörung*, 25f.

[152] Jeremia 10,10: «Aber der Herr ist in Wahrheit Gott …»

[153] Johannes 14,6: «Jesus spricht: Ich bin … die Wahrheit». Johannes 17,17: «Dein Wort ist Wahrheit». Johannes 15,26: «Der Beistand … der Geist der Wahrheit, der von dem Vater ausgeht …»

[154] Vgl. F. F. Bruce, «1&2 Thessalonians», in: *Word Biblical Commentary*, Bd. 45, Word Books: Waco, Texas, 1982, 174. Er schreibt: «By ‹the lie› is apparently meant the denial of the fundamental truth that God is God; it is the rejection of his self-revalation as Creator and Savior …»

[155] Wilber, *Halbzeit der Evolution*.

[156] Anselm Grün: *Erlösung*, Kreuz-Verlag: Stuttgart 2004, 7.

[157] William Barclay: *Auslegung des Neuen Testaments*, Aussaat: Wuppertal, 202.

[158] http://www.puramaryam.de/lichtkoerperproz.html.

[159] Niklaus Brantschen: *Auf dem Weg des Zen. Als Christ Buddhist*, Kösel: München 2002.

[160] Robert Betz, Live-Vorträge & Tagesseminare, Januar bis April 2010.

[161] *The Wycliff Bible Commentary*, Moody: Chicago 1977, 1105. «Greater works: Not to be restricted to the signs such as Jesus wrought in the days of his flesh. The works could not be greater in quality than his, but greater in extent.»

162 Vgl. Epheser 6,12: «Unser Kampf ist nicht gegen Fleisch und Blut, sondern gegen Mächte, Gewalten, Weltherrscher und böse Geister.»

163 Hunt, *Yoga*, 21.

164 Vollmacht *(exousia)* bezieht sich auf eine höhere Gewalt, die in der Quelle der Kraft liegt und das Endziel maßgeblich bestimmt.